El papel utilizado para la impresión de este libro ha sido fabricado a partir de madera procedente de bosques y plantaciones gestionadas con los más altos estándares ambientales, garantizando una explotación de los recursos sostenible con el medio ambiente y beneficiosa para las personas.

Penguin Random House Grupo Editorial

Descubrimientos inesperados de una vida exitosa

Primera edición: noviembre, 2023

D.R. © 2023, Daniel Corral

D. R. © 2023, derechos de edición mundiales en lengua castellana:
Penguin Random House Grupo Editorial, S. A. de C. V.
Blvd. Miguel de Cervantes Saavedra núm. 301, 1er piso,
Colonia Granada, alcaldía Miguel Hidalgo, C. P. 11520,
Ciudad de México

penguinlibros.com

José Israel Ovalle Ortiz, por los artes y las fotografías de interiores y portada Diseño y maquetación: VIBO CREANDO

ISBN: 978-607-383-567-1

Impreso en México – *Printed in Mexico*

DESCUBRIMIENTOS INESPERADOS DE UNA VIDA EXITOSA

ÍNDICE

INTRO
DUCC

"QUIERO VIVIR MI
VIDA PARA SORPRENDERME
Y VER HASTA DÓNDE
PUEDO LLEGAR."

Hola, soy Daniel Corral, gimnasta, atleta olímpico y... espera, ¡soy mucho más que eso! Soy más que un hombre en un ranking mundial. Soy alguien que persigue sus sueños todos los días y construye su vida bajo sus propios términos. Soy más que un personaje.

Mi camino, como el de muchos, no ha sido sencillo. Pero ¿qué camino lo es? ¿Quién nos dice cómo vivir y por qué hacerlo de esa manera? ¿Por qué cumplir las expectativas de otros si las únicas que importan son las nuestras? Cuando entendí que se puede soñar en grande sin dejar de ser uno mismo, tuve mis metas más claras porque sabía que eran sólo mías y el reto de seguir adelante se volvió más interesante.

Este libro representa, a través de sus páginas, cómo ha sido mi proceso de crecimiento. También reflexiona sobre el poder que cada uno de nosotros tiene cuando nos convencemos de que es posible llegar hasta donde queremos en cualquier ámbito; nuestros pensamientos se convierten en una herramienta valiosísima para alcanzar metas que parecerían imposibles. Por otro lado, cada ser humano tiene claroscuros, detalles que rompen con el ideal de perfección, pero están ahí para enseñarnos que podemos equivocarnos. Parte de esta enorme aventura llamada vida se trata de darles la vuelta a las adversidades y encontrar otras maneras de alcanzar la felicidad.

Romper paradigmas no es sencillo. El proceso de hacerlo, desde creérmela y luchar por superarme cada día hasta ver los resultados que tanto deseé, fue un camino muy largo. Tuve que atravesar por varios tipos de ideas sobre la gimnasia mexicana y demostrar que podía estar al nivel de cualquier otro atleta. ¿Qué me lo impedía? Si no había un precedente en la historia deportiva de mi país, yo podía abrir ese camino si confiaba en mis capacidades; si ponía mente, cuerpo, alma y corazón en alcanzar una meta, los resultados serían parte de la recompensa. No seguí un manual porque a la fecha no existe uno que me dé las soluciones perfectas en el momento preciso, pero usé mis propias herramientas y me arriesgué con las que consideraba mis mejores decisiones, que me trajeron a este punto desde donde puedo dar gracias por tanto.

Soy una persona que quiere descubrir de lo que es capaz, y me gustaría que tú también lo hagas. Creo profundamente en la posibilidad de trazar la vida que uno quiere y de alcanzar cualquier sueño; en el potencial de las ganas de lograr algo, de hacer historia, de dejar un legado y de cambiar este mundo.

Éste soy yo, Daniel Corral. ¿Seguimos juntos en esta aventura? Te presento todos aquellos descubrimientos inesperados para los que nadie te prepara pero que son parte de una vida exitosa y de la formación de mi filosofía de vida.

CAPÍTULO 1

ÉXITO

PERS

UNA

ILUSI

 menudo me preguntan cómo defino el éxito, qué es para mí, si me considero una persona exitosa. Podría decir que lo mido en cuanto a los sueños que he logrado: una carrera deportiva con participaciones olímpicas, encontrar el amor y disfrutarlo, retarme cada día y alcanzar esas metas pequeñas y grandes que parecían imposibles. Pero ¿eso es todo en la vida? Es momento de descubrirlo.

Tendemos a caer en errores todo el tiempo, pero no es nuestra culpa, porque repetimos los patrones que vemos en el exterior. Puede invadirnos una sensación de fracaso cuando los planes no resultan como esperamos, ya que el éxito al que con frecuencia estamos expuestos no es real, sino una falsa ilusión que lleva consigo un vacío interminable, y por ende, incapaz de llenar. Primero que nada, tendríamos que ser claros con lo que cada uno de nosotros piensa que es el éxito; lo que significa para mí no necesariamente significa para el otro. A veces medimos nuestra vida con la misma regla con la que otras personas miden la suya, pero si hacemos eso nunca recorreremos por completo nuestro propio camino al éxito.

Una vida exitosa requiere que vivas de manera auténtica y de acuerdo a tus principios, siempre buscando que tus acciones estén en armonía con tus palabras y pensamientos. Para mí la autenticidad ha guiado muchos de mis pasos, es saber lo que YO quiero, por qué lo quiero y cómo me hará feliz. Me repito siempre: éste es el éxito que persigo, nace de mí y me define. El único que realmente existe es el que tú te pones enfrente, porque al final, nadie sabe lo que en verdad te brindará la plenitud que buscas más que tú mismo; ten por seguro que, de acuerdo con quien eres y lo que buscas, te darás cuenta cuando ese triunfo y éxito tan anhelados lleguen.

Una existencia plena es aquella en la que lo importante para ti crezca y se nutra de manera constante; una en la que te llene de orgullo contemplar en quién te has convertido y puedas sentirte en paz; una en la que haya amor, pasión y significado en lo que haces diariamente; una en la que generes un impacto positivo en las personas que te rodean y persigas tus sueños para hacerlos realidad. Las personas que viven una existencia plena y están satisfechas con lo que son y lo que hacen son quienes menos necesitan presumir ante los demás, ya sea en el día a día real o en lo virtual a través de las redes sociales.

Desde chiquito he tenido una filosofía: pienso que la vida puede vivirse en dos partes, en una sufres y en otra disfrutas las recompensas de ese sufrimiento. Uno decide: en la primera parte sufres o juegas y en la segunda juegas o sufres. Pero con sufrir no me refiero a lo peor, sino más bien a un tiempo donde empiezas a sembrar semillas para después cosechar los frutos. Mucha de mi plenitud de hoy se debe a esos sacrificios, porque una vida de éxito no llega de la nada, ni siquiera cuando piensas que tienes todas las condiciones; es producto de decisiones correctas, sacrificios y mucho trabajo.

"Si vives pensando en el fracaso puedes dejar de prestar atención a los pequeños logros que de verdad son importantes."

Con el tiempo he aprendido que cada uno de nosotros piensa en su vida ideal y exitosa de acuerdo con su propia historia, pero lo que no está bien ni me gusta es imponer nuestras creencias a los demás sólo por tener siempre la razón. En este preciso momento me considero pleno, le doy crédito a lo que he logrado porque han sido mis sueños los que me han puesto en este lugar, pero también a soltarme del qué dirán, porque lo que piensen los otros está bien si sólo aplica para ellos. Para mí el verdadero éxito está en conseguir esa libertad de espíritu.

Hay una enorme diferencia entre el éxito real y el éxito vacío. Éste más bien es como un espejismo, una realidad alterada que dictan otras personas o que llega de la nada sin que haya un esfuerzo detrás que le dé bases fuertes. La gente piensa que el éxito es ser famoso, que eso te va a dar todo, pero yo lo veo desde otro punto; sé por experiencia propia que en ese espejismo se presentan etapas muy solitarias, donde a veces no haces nada, no aprendes ni tienes un crecimiento real. Permites que las opiniones y exigencias de todo mundo te dirijan; no tienes un control verdadero, pero los demás lo tienen sobre ti porque en el espejismo del qué dirán o cómo me verán primero están sus intereses y por último los tuyos. Te presionas y sacrificas tu propia felicidad por mantener un estatus aparente, pero como no hay bases, tras el primer cambio tus esfuerzos desaparecerán.

También hay que ser muy realistas con todo lo relacionado con nuestro ideal de éxito y el ideal de los otros. El mundo es bastante competitivo, habrá suficientes personas atentas a ti que intentarán juzgarte cuando consideren que te has equivocado, pero también existen aquellos a quienes les importa tu felicidad. Si pensamos en una vida exitosa como un viaje, esas personas serían tus acompañantes: hay unos que son a todo dar, ponen el hombro para que te apoyes si en la carrera te lastimas un pie, regresan por ti si te equivocas de sendero, te motivan a tomar riesgos y dan buenos consejos de vez en cuando; pero también hay compañeros incómodos que podrían aventarte a un lado si pudieran, o simplemente no ayudar cuando sea necesario. Parte de alcanzar el éxito todos los días consiste en tomar decisiones, como con quién quieres viajar y también, muy importante, qué tipo de viajero deseas ser en tu propia aventura y la de los demás.

En ocasiones, seguimos con esas personas incómodas por compromiso, por el miedo al qué dirán o por comodidad, porque estamos en una zona de confort con ellos y poco a poco hemos perdido nuestra autenticidad por complacerlos. Mi consejo es: no temas salir de la rutina ni eliminar aquello que te hace mal. Sólo hazlo, comienza a trabajar día a día en la vida que te mereces, ¡y jamás te arrepentirás!, porque nadie te conoce mejor que tú mismo. Hace tiempo escuché estas palabras y aún las tengo muy presentes: "Hoy puede ser el primer día de la mejor parte de tu vida".

Soy una persona bastante agradecida, reconozco mucho el esfuerzo y el trabajo de quienes me rodean. Sé que mucho de lo que he logrado y sigo logrando ha sucedido por relacionarme con personas con quienes comparto moral, ideales y filosofía. Mi perspectiva es que la cualidad más importante en alguien es su calidad humana, eso determina mucho del camino que recorremos todos los días para alcanzar la plenitud. Ser coherentes con nuestros ideales también nos da una plenitud que ningún espejismo podrá distorsionar.

Al día de hoy me causa orgullo la vida que llevo porque la he construido de una forma u otra con cada decisión que he tomado, con lo que he hecho para sentirme libre y para tener la posibilidad de desarrollarme en lo que más me gusta. Todos buscamos amor, estabilidad, felicidad, pero realmente muy pocas personas pueden encontrar la perspectiva correcta que guíe sus pasos. El destino final es sentir la libertad de poder ser y estar en donde uno siempre deseó. Si buscas tus fortalezas como persona, las que realmente funcionan, te darás cuenta de que no son muchas las que necesitas para sentirte bien y pleno. El simple hecho de tomar el control de tu propia vida hace la gran diferencia, ya sea en el trabajo, la familia u otras obligaciones. Desde hoy deja de perseguir un éxito que no es tuyo, ten en mente que nadie puede ofrecerte lo que buscas porque tú eres la única persona que sabe qué es y en el camino entenderás cómo alcanzarlo.

Rompe con todas esas ideas preconcebidas sobre lo que es ser una persona exitosa para encontrar tu propia definición de éxito. El camino no será sencillo, pero ¿qué cosa que vale la pena en la vida lo es? Usa tu fuerza, tu coraje y tu intuición. ¿Estás dispuesto a encontrar algo que jamás has visto antes?

"CON EL PASO DEL TIEMPO UNO SE DA CUENTA DE TODO LO QUE SE PERDIÓ POR TENER MIEDO A INTENTAR COSAS NUEVAS."

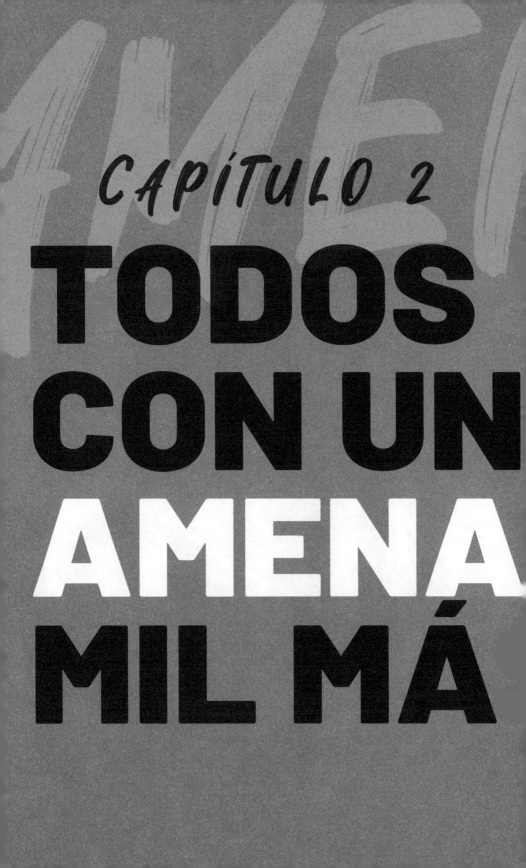

CAPÍTULO 2

TODOS CON UN AMENA MIL MÁ

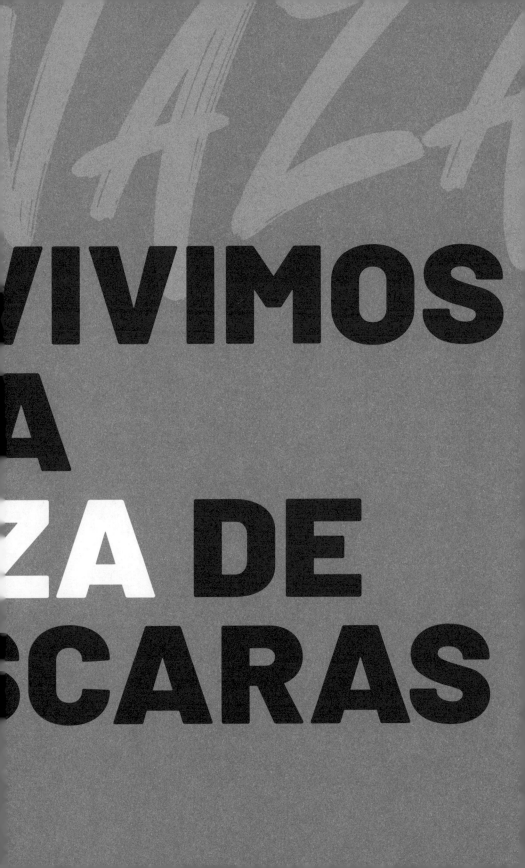

Todos alguna vez hemos visto nuestros sueños a lo lejos y, al tratar de ir por ellos, de repente nos sentimos paralizados porque creemos que son demasiado grandes para alcanzarlos, como si las garras de la incertidumbre y los miedos nos tuvieran sostenidos de manos, pies, cabeza y corazón. Conocemos nuestro potencial pero no lo vemos completamente porque le hacemos más caso al temor que a nuestros deseos, que poco a poco se van haciendo a un lado hasta que desaparecen. ¿Es justo?, ¡claro que no! La vida no nos prepara para afrontar los miedos, pero tampoco nos impide luchar contra ellos, eso es algo que se hace al momento, cuando los tienes ahí, cara a cara.

Recuerda que el miedo no es más que una ilusión a la que le permitimos alojarse en nuestra mente; lo alimentamos con nuestra propia energía a cambio de que nos muestre un mundo distinto a la realidad que hay allá afuera, que no es tan aterradora como parece. Se trata del asesino número uno de toda persona que se atreve a soñar y se presenta con varios nombres: miedo al fracaso, miedo al qué dirán los demás, miedo a lo desconocido e incluso miedo al éxito. Por contradictorio que parezca, le tememos a nuestro propio éxito, aunque lo hayamos buscado con todas nuestras fuerzas, ya que hallarlo conlleva un cambio significativo en nuestra vida y obtener una responsabilidad más grande que la que tenemos en ese momento. Y sí, me incluyo, muchas personas hemos sido víctimas del miedo en alguna de sus presentaciones.

Pero éste no tiene que ser 100% negativo, sólo se convierte en un problema cuando es una enorme carga que te limita o te impide hacer las cosas que te darán felicidad. Por miedo caemos en zonas de confort que con el paso del tiempo nos molestan, por miedo rechazamos oportunidades que quizá nunca más regresarán, por miedo nos privamos de vivencias únicas que podrían darnos felicidad o aportarnos conocimiento. Lo digo por experiencia propia: durante mucho tiempo puse barreras alrededor de mí que no me permitían ser yo mismo ni aventurarme a lo que me hubiera gustado hacer cuando tuve la oportunidad, a sentirme pleno y libre ante mí y los demás, quizá por el típico miedo al qué dirán, a las etiquetas, a decepcionar a alguien que tenía puestas sus expectativas en mí. Pero ¿sabes?, ¡eso no es vida! Al menos no una que a mí me interese vivir porque no quiero estar cargando con cosas extra que no me corresponden.

> "Si hoy fuera mi último día sobre la tierra, tomaría todas mis decisiones sin miedo."

No hay una fórmula mágica para eliminarlos, excepto ir y enfrentarlos cara a cara. Algo que diferencia a las grandes personalidades que han cambiado el mundo de aquellas que se quedaron en el camino es que las primeras decidieron actuar a pesar de los miedos que sentían, a sabiendas de que los tesoros más grandes y maravillosos de la vida se encuentran en el mismo lugar donde aquéllos se hospedan.

Nos da miedo cambiar el camino que hemos recorrido sólo porque es el que ya conocemos. Como seres humanos le tememos a la incertidumbre, lo que para mí es un estado mental terrible porque me hace dudar de mis propias decisiones, aunque tenga claro quién soy y hacia dónde quiero llegar; el estado de incertidumbre también hace su trabajo de forma negativa, pero depende de uno darle o no espacio. ¿No sería mejor arrepentirte por algo que hiciste que pasarte toda una vida imaginando cómo hubiera sido lanzarte por esa decisión? Ahora lo veo de esa manera, pero por mucho tiempo me fui a lo seguro sólo por querer evitar la incertidumbre y no salir de mi zona de confort. Si yo cambié de parecer y empecé a lanzarme, ¿qué te impide cambiar e intentarlo?

Sé que nadie se convierte en héroe de la noche a la mañana, que hay cosas en apariencia pequeñas para el mundo pero muy importantes para ti y que te cuesta trabajo tenerlas porque el miedo está ahí, acechando, con sus múltiples rostros y disfraces. Los logros, aunque parezcan mínimos, son importantes y te pertenecen, no te prives de ellos por hacerles caso a tus miedos. Déjame decirte que siempre van a estar, pero puedes mirarlos a los ojos hasta que les restes fuerza y esa fuerza sea tuya. La vida misma es un enorme proyecto, hay que verlo así todos los días; comienza fijándote metas sencillas, cosas pequeñas que puedas hacer diariamente y que te den la seguridad y confianza necesarias para alcanzar otras más grandes.

El miedo paraliza, lo sé, me consta, pero no te permitas llegar a ese extremo donde caigas en sus garras, donde no puedas tomar una decisión porque te sientes aterrado. Mi consejo: tómate el tiempo de conocer, escuchar y comprender esos temores: ¿por qué están ahí?, ¿para qué me sirven?, ¿qué voy a hacer para usarlos a mi favor antes de que ellos se pongan en mi contra? No permitas que una noticia o cualquier posibilidad a futuro se vea empañada por miedo a cosas que no existen o aún no han llegado. A esto nos referimos muchos cuando hablamos de *ansiedad*. Para mí cada meta ganada me brinda una sensación de alivio y empoderamiento, y sé que ese momento queda a mi favor. Cuando respiro tranquilo porque me he deshecho de un miedo, la experiencia es increíble.

Uno de mis más grandes temores es arrepentirme de haber vivido una vida que no me hizo feliz, o una llena de insatisfacciones por no haber perseguido aquello que siempre quise. Pero también he podido darle la vuelta y se ha convertido en algo que me ha impulsado, fue una de mis fuerzas más importantes en mi último ciclo deportivo. Me hacía la pregunta: ¿de aquí a cinco o diez años cómo me voy a sentir con esta decisión que estoy tomando?; todos nos arrepentimos más por las cosas que no nos atrevemos a hacer que por las que hicimos, sean buenas o malas. El arrepentimiento ha sido uno de mis más grandes temores, pero llevo un tiempo haciéndole frente al tomar más riesgos y calcularlos mejor.

El miedo a los grandes retos es parte de todo proceso, y cuando entiendes que donde están tus miedos está una parte de ti, los transformas. Lo peor que puede pasar es que te quedes exactamente como estás, y lo mejor es que encuentres algo muy fregón una vez que te lanzas. Es un impulso importante que genera un gran cambio, en mí ha sido atreverme a hacer las cosas en grande, a hacerlas diferente, a ponerme en situaciones un poco estresantes pero pasajeras. Cuando era chico temía expresar mis sentimientos, pero ahora veo que se ha convertido en una de mis más grandes fortalezas; y creo que puede serlo en cualquier ser humano, porque cuando tienes la capacidad de expresar realmente cómo te sientes puedes reconocer el origen de cualquier mal y trabajar en ello. He aprendido a canalizar lo negativo y darle otro enfoque, el miedo puede convertirse en el antídoto sin que lo sepamos a consciencia. Uno de mis impulsos más fuertes fue el miedo a convertirme en algo o en alguien que NO quería ser (*"An average human being"*), y en la vida me ha motivado saber en lo que me podía convertir (*"An icon"*). Este descubrimiento me llevó a superar otros temores.

En los peores momentos, cuando nos sintamos paralizados, podemos darles la vuelta y usarlos a nuestro favor. En mi caso, uno constante había sido no cerrar mi carrera deportiva como deseaba o no poder definirla como un éxito con las participaciones en Juegos Olímpicos que yo quería. El miedo estuvo ahí y fue lo que me impulsó a dar todo de mí y conseguir la meta que tanto deseaba; me enfoqué y usé mis mejores herramientas, como la perseverancia, hasta clasificar a otro ciclo olímpico. En ese momento volteé a ver mi miedo y sólo me quedó reconocerlo y darle las gracias por arrojarme a sacar fuerzas y seguir adelante.

Una de las mejores cosas de la vida es domarlos y salir a la aventura, con total libertad y conscientes de que la mayoría de las limitaciones nos las ponemos nosotros; somos los únicos que podemos derribarlas una a una como fichas de dominó. Sólo basta con tomar la decisión. ¿Dónde crees que estarías en este momento si no le temieras a aquello que te ha paralizado tantas veces?, ¿qué vida tendrías?, ¿qué versión de ti estarías viviendo? No lo vas a saber si no le dices a cada uno de tus miedos: okey, existes, pero sólo tienes poder si yo te lo otorgo y hoy no tengo ganas de eso.

Recuerda que todo pasa, el tiempo nos coloca en los lugares correctos siempre y cuando pongamos de nuestra parte, tengamos el coraje de enfrentarnos a nosotros mismos y demos un paso a la vez, pequeño o grande, pero sin detenernos. Y en esa carrera de obstáculos llamada vida, cualquiera puede caerse a cada rato, tropezar con la piedra más tonta, ir directo al abismo o seguir con la frente en alto. ¿Crees que los fracasos y errores en el camino son fáciles o imposibles de superar? Yo tengo mis propias ideas, pero me gustaría saber si tú y yo coincidimos en ellas, tan sólo sigue en este viaje conmigo.

"Ningún miedo es tan grande para evitar que te conviertas en la persona que buscas."

CAPÍTULO 3

APREN
DEL VA
DEL ÉX
FRACA

asi toda mi vida he tenido en mente una cosa: superarme. Superar mis miedos, mis marcas, los retos que se me presentan a corto y largo plazo, pero como te decía hace un momento, muchas de las trabas que nos impiden avanzar nos las ponemos nosotros mismos, y cuando no las libramos como nos gustaría pensamos que hemos fracasado, pero en realidad no es así. Imagina que por cada éxito que se ve a lo lejos hay que recorrer un largo camino lleno de adversidades. Como seres humanos somos propensos a caer una y mil veces, me ha pasado, ¿y qué hacer cuando estás en el suelo de aquello que llamamos "fracaso"? Respirar profundo y comprender que siempre se puede salir adelante.

Estoy seguro de que lo primero que te va a pasar por la cabeza son muchas preguntas: ¿por qué a mí?, ¿qué estoy haciendo mal?, ¿por qué no tengo la oportunidad por la que tanto he luchado?, ¿qué tiene el mundo en mi contra?... Y ahora yo te pregunto: ¿de verdad vale la pena hacerse la víctima? Una pieza clave en el camino hacia tu propio éxito es evitar sentirte una víctima de las adversidades que la vida siempre, pero siempre, pondrá en tu camino. Deja de pensar que no eres lo suficientemente capaz para lograr lo que te propongas e interioriza que cometer errores es parte de lo que nos hace humanos. Piensa en el ídolo que quieras, ya sea deportivo (a mí me encanta Michael Jordan), empresario (cualquier multimillonario dueño de redes sociales o telefonía), altruista, quien sea, todos ellos tienen su propia historia de adversidad, nadie es perfecto ni tiene el éxito garantizado, y si fuera así, la neta qué aburrida sería la vida. ¿Qué habrán hecho ellos cuando estaban en el suelo, literal, del "fracaso", a lo mejor con deudas o problemas de salud? No sé exactamente qué pensaron, pero no se hicieron las víctimas, o no por mucho tiempo, sino que le dieron la vuelta a la situación, lo intentaron una o cien veces más hasta convertirse en personas que trascendieron. Lo primero es siempre mantenerte firme ante lo que quieres, usar herramientas a tu favor, aceptar las derrotas y darles la vuelta desde un sitio de mayor aprendizaje. Te apuesto que algunas de las personas más exitosas al día de hoy cuentan con menos herramientas que tú y que yo.

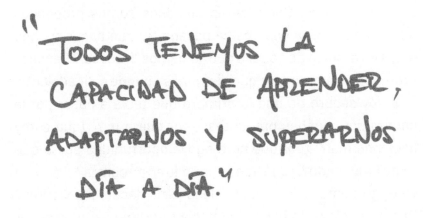

"TODOS TENEMOS LA CAPACIDAD DE APRENDER, ADAPTARNOS Y SUPERARNOS DÍA A DÍA."

Muchos aprendizajes también vienen de decepciones. Durante toda mi carrera deportiva, en mi afán por dar lo mejor siempre, me descuidé mucho en el aspecto del crecimiento personal, en hacer las cosas sólo para mí y por una satisfacción propia, hasta que comprendí que todo sabía mejor si mis objetivos estaban relacionados con mis deseos y no con los de las demás personas. Detecté el error y trabajé en él, aunque no fue sencillo porque llevaba años en ese sistema, y uno no siempre puede cambiar el chip de la noche a la mañana. Ahora, a nivel profesional, siento que vivo la vida que quiero, yo le pongo el valor a mi trabajo y, sea grande o pequeño ante los ojos de los demás, es mío, y no permito que otro defina cuánto valemos mis esfuerzos y yo.

He aprendido a reconocer y entender que soy quien soy por mí mismo. Recuerda que la persona que más información tiene de sí misma es la que mejor puede manejar ciertas situaciones de acuerdo con sus emociones, fortalezas y debilidades, y sabe cómo se va a mover en cada circunstancia, cuándo necesita ayuda y cuándo no. La parte emocional es muy importante porque en muchas ocasiones nubla la parte intelectual y la domina, tomando las decisiones que no siempre son las mejores. Tiene que haber un balance a modo de equipo. La parte intelectual funciona para el análisis, para detectar el aprendizaje, lecciones, cosas importantes; y la emocional es la que te guía sobre qué actitud tomar ante cada circunstancia. Para ser una persona inteligente que toma las mejores decisiones es necesario un balance entre la inteligencia emocional e intelectual, pero creo que en ocasiones es mucho más importante la primera, porque ahí confluyen tus sentimientos, impulsos, miedos y fortalezas.

Los errores siempre van a estar cerca de nosotros porque no somos perfectos y muchas situaciones se escapan de cualquier control, pero tenemos la gran herramienta del análisis de nuestro lado; podemos superar los fracasos y las adversidades si comenzamos a tomar las decisiones con un mejor balance. Un rato le haremos caso a nuestro sentimiento de dolor o frustración, pero después hay que ver las opciones que tenemos para darle la vuelta y salir adelante. Creo que si me hubiera rendido a la primera, después de un mal resultado en mi marca deportiva o una lesión, fácilmente habría usado eso como pretexto, me habría casado con el fracaso y tú y yo no tendríamos esta plática, pero cada uno de esos episodios los he asumido con la pregunta: *¿y ahora qué vas a hacer, Daniel, lamentarte o seguir adelante?*

El deporte de alto rendimiento es un todo en la vida del deportista. Creo que la mayoría, o quienes no estamos metidos en el mundo mediático sino en el deportivo, como debe ser, no somos tan conscientes de qué se dice de nosotros allá afuera, cuál es el impacto en quienes nos observan, porque es imposible dedicarte al 100 por otra persona. En la primera experiencia complicada, abandonas la misión. Tu motivo tiene que ser más grande que cualquier cosa, la única persona por la que te vas a arriesgar es por ti. Los primeros Juegos Olímpicos son los más fáciles, dentro de lo que cabe, y los últimos son los más difíciles, porque ahí 100% lo haces por ti, ya no te importan ni las medallas ni el reconocimiento, simplemente quieres sanar, cerrar con una sonrisa para poder ser feliz en otra faceta. Los atletas olímpicos pasamos por un proceso superdifícil que pocos conocen, estamos solos en esto desde el día uno.

Después de las olimpiadas de Río me retiré dos años de la gimnasia, ya no pensaba participar en otros Juegos porque eso no me pasaba por la cabeza y tampoco sentía que necesitara con urgencia que fuera mi siguiente meta, según yo, quería hacer otras cosas que no tuvieran que ver con la disciplina olímpica. Pero en realidad, y esto es muy importante para mí compartírtelo, fue una etapa difícil porque había caído en una depresión y no me daba cuenta, ni siquiera sabía qué era ese estado de ánimo, yo pensaba que era algo que nunca experimentaría. Estaba en negación, viviendo una adversidad que nunca me imaginé, pero tuvo un propósito que transformó mi forma de ver las cosas. Ese cambio también me llevó a hacerme la pregunta: *Daniel, ¿estarías dispuesto* a prepararte para otro ciclo olímpico? Y fue lo que hice. Puse en orden ese remolino de emociones y me enfoqué en un ciclo más, en dar lo mejor de mí, mejorar mis marcas, entrenar cuidándome mucho de las lesiones, pero con la idea de que si no clasificaba no pasaba nada, yo ya había cumplido conmigo mismo y eso era lo importante. Le di la vuelta a la adversidad y clasifiqué para Tokio 2020. Entonces ese triunfo tuvo el mejor de los sabores.

"A VECES NECESITAS DESCONECTARTE DE TODO LO DEMÁS PARA RECONECTAR CONTIGO MISMO."

Al igual que muchas personas que lograron cumplir sus metas y alcanzar el éxito, yo vi algo más que un obstáculo en ese periodo de adversidad: para mí fue una oportunidad para crecer, un momento clave para dejar mi huella en un pedacito de historia, una señal que aproveché para superarme y demostrarme que podía aspirar a ser alguien mejor porque contaba con las herramientas para hacerlo. En mi mente seguía fija la idea de lograr en mi disciplina algo que aún no se daba, quería ser el primero y no pasar desapercibido, estaba muy cerca y sólo me faltaba un último impulso.

Una vez que tomas la decisión, vas a ver más y más adversidades, pero también tendrás el arrojo y la inspiración para no darte por vencido y volverte una persona imparable. Si vemos cada cosa que no nos sale bien como un fracaso, hay dos opciones: nos quedamos con la idea de que todo lo que hacemos está mal, o entendemos que mientras más grande sea nuestro sueño, más dificultades tendremos en el camino. El fracaso es necesario para triunfar, como te decía, puede ser ese motorcito que te impulse a no quedarte quieto ni conformarte con lo que venga, y lo experimentarás una y otra vez; la pregunta es ¿qué actitud piensas tomar? Cada fracaso es realmente una lección de vida, es aprendizaje y un paso hacia algo mejor. Si no lo estás haciendo lo suficiente es posible que no estés soñando lo suficiente o que tus aspiraciones no sean del tamaño del enorme potencial que reside en tu interior.

Es importante saber que es muy distinto fracasar en algo que ser una persona fracasada. Sólo aquella persona que deja de perseguir sus sueños y se da por vencida, y que niega más allá de toda duda que hay talento, potencial y capacidad de ser feliz en su interior, puede llamarse fracasada. Que las cosas no salgan como esperaste incluso cuando les pones todas las ganas del mundo no te hace ser un fracasado ni ésa será tu etiqueta cuando quieras volver a intentarlo. No te atormentes pensando en lo que no se da ni vivas creyendo que vas de un error a otro, porque sólo se puede llamar error al que se comete dos veces sabiendo las consecuencias y cómo evitarlo.

Y como esta vida es una larga carrera, estoy seguro de que habrá momentos en los que quieras tirar la toalla, darte por vencido y olvidarte de las metas que te has propuesto. Es normal, cualquier persona que desea alcanzar el éxito personal pasa por esas rachitas de cansancio y decepción, pero justo en ese momento piensa que tu triunfo pesa más que el historial de derrotas. No llegaste aquí por nada, ni soñaste en vano, no puedes abandonarte a la tristeza y desilusión porque algo no va como esperabas; encara tus metas con una actitud paciente, porque conseguir tu propio éxito vale cada segundo que invertiste en el aprendizaje a través de equivocarte, reflexionar y seguir adelante. Tú eres más grande que cualquiera de esas circunstancias. Conquista las metas que quizá son pequeñas para los demás pero para ti tienen tanto valor, porque son las que construyes todos los días, como las vean los otros no importa, lo que vale es tu perseverancia y el talento que posees para hacer esos sueños realidad. Mírate y reconoce todo lo que has logrado, que no te quepa duda de que tienes lo necesario.

Ahora, con esas ideas bien claras y fuertes, y empoderados todos nosotros después de un shot de netas y cosas que siempre han estado ahí y quizá nadie te había dicho con honestidad, puedes tomar acción mucho más rápido. También hay que hacernos responsables de qué parte de la recompensa es suerte y qué parte es esfuerzo, porque justo detrás de todo eso, se encuentra la magia: decidir. Yo no sé si somos los más sabios tomando las mejores decisiones, pero es momento de averiguarlo.

"MIS FRACASOS HAN SIDO LOS MAESTROS MÁS GRANDES DE MI VIDA, SIEMPRE LOS VI COMO UNA OPORTUNIDAD Y NO COMO UNA DIFICULTAD."

CAPÍTULO 4

LA DEC QUE LO TODO...

uisiera empezar esta reflexión con una pregunta que muchas veces dejamos de lado, ya que nos parece obvia, o nos molesta que nos la hagan porque pensamos que la respuesta es muy tonta: ¿quién eres? Toda mi vida lo he sabido: soy Daniel Corral, gimnasta, atleta olímpico, hijo, hermano, amigo... Okey, soy todo eso, y con el tiempo me di cuenta de que era mucho más: en mi papel como deportista jugaba el rol de brindar inspiración a la gente, esperanza para que creyeran en sus sueños y trataran de luchar por aquello que parecía imposible e inalcanzable. Eso era algo que siempre quise demostrar a través del deporte y yo pensaba que, en pocas palabras, resumía lo que yo era. Al día de hoy, creo que dar una respuesta precisa es complicado. Podemos definirnos de acuerdo con la faceta que vivimos, pero con el tiempo nos motivan cosas diferentes y tenemos metas que cambian de acuerdo con lo que deseamos, y aunque en esencia sabemos quiénes somos y qué nos define, poseemos la libertad de renovarnos constantemente. Responder esto me llevó tiempo, pero no me da miedo. No la veo como una respuesta sencilla, sino como una mucho más compleja y tranquilizadora, y llegar aquí me brindó mucha más seguridad de la que creía que tenía antes. Ahora vamos a ver por qué.

A menudo pensamos que aquello que hacemos es lo que nos define. Yo me dediqué de tiempo completo en cuerpo, alma y corazón a la gimnasia por más de veintisiete años, casi toda mi vida, hasta que me retiré, y cambiar de página de lo que creía que me definía y representaba mi esencia se convirtió en mi mejor oportunidad de crecimiento para tomar las riendas de mi vida, ver dónde estaba parado y moverme. Pude quedarme con esa versión de mí y responder siempre y hasta el final de mis días que soy Daniel Corral, gimnasta, atleta olímpico. Pero esa descripción implicaría permanecer en la zona que me da seguridad, evitar retarme a escoger alternativas diferentes que cambien el rumbo de mi vida y me permitan verla desde otro punto. Quien se arriesga a dejar atrás a esa persona que pensó que era o aspiraba a ser y elige explorar en lo desconocido es quien encuentra su verdadero valor porque puede estar en una constante búsqueda, dispuesto a cambiar, a crecer y no quedarse en una versión antigua e idealizada. Cuando te atreves a hacerlo también evolucionas, y esa transformación en uno mismo, créeme, es una de las decisiones más difíciles, la que conlleva más retos, preguntas, reflexiones y valor.

Todo comienza con una pequeña decisión, la de cambiar. Por eso ten clara una cosa: como humanos estamos en constante movimiento, y somos los únicos seres vivos que poseemos la capacidad de elegir qué queremos hacer y dónde queremos estar, independientemente de que haya algunas cosas que se escapen de nuestras manos. Quien eres en este momento y quien serás en unos años más dependerá de las decisiones que hayas escogido y aquellas que tomarás en el futuro.

"UNA SATISFACCIÓN A CORTO PLAZO NO IMPLICA UN VERDADERO RETO."

Uno sólo puede ver su verdadero potencial cuando sale de su zona de confort y se enfrenta al mundo con las herramientas que tiene y después con las que va adquiriendo. A veces nos da miedo porque estamos cómodos con lo que hacemos, nos compramos la versión de nosotros mismos que nos dijeron que era válida y llenaba las expectativas de otras personas, o decidimos únicamente sobre lo que sabemos, por el miedo a arriesgar o a confiar en nuestra intuición. Pero fíjate en las personas que admiras, muchas de ellas tampoco sabían qué rollo con su vida, simplemente arriesgaron lo que tenían y una de esas decisiones cambió su destino para siempre. Hicieron algo pequeño o grande, no lo sé, pero se esforzaron por dejar de ser alguien más del montón con el simple hecho de cortar los hilos que las mantenían amarradas a una situación.

Ahora te preguntarás: "Daniel, ¿cómo tomo la mejor decisión, si ni siquiera sé en qué momento de mi vida me encuentro?". Casi siempre, uno quiere cambiar de rumbo cuando determinada situación se vuelve incómoda o vemos en alguien más algo que nos interesa, sea un logro profesional o personal; cuando sentimos que no estamos llenos, ya sea que no nos guste un trabajo, que la vida nos ponga obstáculos y pensemos que no los podemos superar o, al contrario, cuando se nos presentan muy buenas oportunidades, pero no logramos decidir qué rumbo tomar. Bueno, pues te comparto algo que me ha servido en los últimos años, y es "La balanza de las decisiones". El uso de esta balanza consiste en comparar las opciones que existen en una situación determinada e identificar todas las ventajas y desventajas que cada una de ellas te ofrece; hacer esto te dará claridad sobre cuáles son las que más se alinean con tus metas y valores. Esta herramienta funciona para la reflexión, por ello te recomiendo tener cuidado cuando pienses en cada una de tus opciones, algunas parecen atractivas y eficientes, pero a largo plazo tal vez no lo son. La opción que te pinte el trayecto más enriquecedor y te convierta en la persona que necesitas ser para llegar a una meta acorde contigo será la del camino correcto. Recuerda esto: decisiones fáciles = una vida difícil, decisiones difíciles = una vida fácil.

Trata de ver los pros y contras de cada una de tus alternativas. Sucede que también tomamos las decisiones en caliente, y te juro que por lo regular no es la mejor idea, porque somos más viscerales que racionales. Podemos hacerle caso a nuestra intuición, pero valorando todas las opciones posibles: qué nos gusta, qué nos conviene, qué va más con nuestra filosofía de vida y nuestros valores, porque quizá la mejor propuesta económica para un trabajo viene de la mano de algo que no queremos hacer, o aquello que suena más atractivo y representa un reto en nuestra carrera implica dejar de lado nuestra personalidad. Lánzate, arriésgate, pierde el miedo, pero sé consciente de tus herramientas y cómo moverte para hacerlo lo mejor posible.

Cuando te preparas para competencias o los Olímpicos todo se complica en extremo, si quieres hacerlo bien tienes que estar prácticamente en una burbuja, pero no se puede, hay muchas expectativas, presión externa además de la interna. Yo creo que los momentos de mayor avance fueron cuando me aislé de cuatro a seis meses; dejé todo fuera: interacciones, redes sociales, vida pública... Mi objetivo era incompatible con los distractores. Pero de una forma u otra no es lo más sano porque te llenas únicamente de la exigencia de tu disciplina y del propósito, sin embargo, para mí fue el único camino y el que funcionó. Lo llamé "Proceso de desconexión para conectarme", y fue eso, hacer comunión conmigo y prestarle atención a lo que me fortalecería física y emocionalmente. Lo decidí de esa manera y, aunque fue muy difícil para mí, no me arrepiento porque funcionó, obtuve los resultados que yo quería y también me di un espacio personal para conectar conmigo, que era algo indispensable, aspecto al que por lo regular no le damos esa importancia en un mundo donde predominan los distractores. Cuando pones en perspectiva qué es más importante, si aquello que arriesgas o lo que deseas alcanzar, la respuesta es clara. Justo aquí es donde se diferencian los campeones, que son quienes toman la decisión más difícil para lograr sus objetivos, ésa que no todo mundo está dispuesto a escoger.

Cualquier elección depende del momento en el que te encuentres, qué te gustaría lograr, cómo te sientes o qué va más con tus intereses. En mi caso, tomé una muy fuerte en mi carrera deportiva, y es que consideraba que no necesitaba cumplir otro ciclo olímpico después de Río, podía retirarme de mi profesión como atleta con la plena satisfacción de haber abierto un camino que no existía en la gimnasia mexicana. Sin embargo, después de una serie de acontecimientos en mi vida, decidí que me prepararía para otro ciclo, me di cuenta de que no estaba totalmente satisfecho, quería cerrar mi carrera demostrándome a mí mismo y no a los demás que podía lograr otras marcas y terminar como siempre lo soñé. Yo tomé esa decisión como algo personal y me mantuve firme. Fue difícil, pesadísimo en todos los sentidos, tanto física como emocionalmente, sacrifiqué muchas cosas y, aunque hubo momentos en los que creía que no daba para más porque el estrés era muy grande, me mentalicé, clasifiqué y logré lo que tenía en mente, aquello que me propuse como objetivo.

Con esto reafirmo que muchas veces la opción que parece la más difícil, compleja y menos atractiva es la que te llevará más cerca de cumplir tus sueños, metas y objetivos. Te invito a que te hagas estas preguntas antes de tomar cualquier decisión: ¿me acerca a mis sueños?, ¿me hará crecer?, ¿me brindará las herramientas necesarias?, ¿me convertirá en una mejor persona?, ¿está en sintonía con mi esencia y mis valores? Si bien esto no te dará una respuesta mágica, sí te ayudará a reflexionar sobre quién eres, qué sueños persigues y cómo puedes trabajar para alcanzarlos. No te imaginas el gran avance que implica poner tus miedos, inquietudes y deseos en palabras.

Pero ojo, no todo es tan positivo como parece, aquí también entran los prejuicios de los demás. Quienes nos rodean a menudo opinan sobre nuestra vida y las decisiones que tomamos, pero recuerda que pueden decir una y mil cosas, al final quien tiene las riendas de su destino eres tú, quien va a gozar o sufrir las consecuencias también eres tú, y no tienes la obligación de cumplir con las expectativas de alguien más, ni de llenarte de sus malas vibras sólo porque no les parece el rumbo que estás tomando. Encamina tus decisiones hacia el lugar que te dé seguridad y alegría, que te llene por completo, donde sientas que todo ha valido la pena, y una vez ahí te darás cuenta de que hiciste lo correcto.

A partir de ahora, piensa que cada paso que das es por decisión propia, que sólo a ti te debes tu felicidad o infelicidad, que si tienes mucho o poco ha sido porque elegiste con toda la libertad del mundo. Se siente bien, ¿no? Y bueno, una vez que estés en la cima de ese pequeño o gran pero valioso logro, cuando alguien te pregunte cómo le hiciste, puedes compartirle tu secreto (o no, guárdatelo hasta el final de los tiempos..., mentira, es mejor compartirlo). Pero eso sólo es posible si conoces los factores del éxito, si estás dispuesto a abrir la siguiente puerta y ver qué hay detrás, maravillarte (u horrorizarte) con lo que el destino te pone enfrente para alcanzar tus sueños.

"SI TÚ LE PONES DIRECCIÓN A TODO LO QUE HACES, SIEMPRE VAS A LLEGAR AL LUGAR CORRECTO."

CAPÍTULO 5

EL ELÍX
DE LOS
TRIUNFA

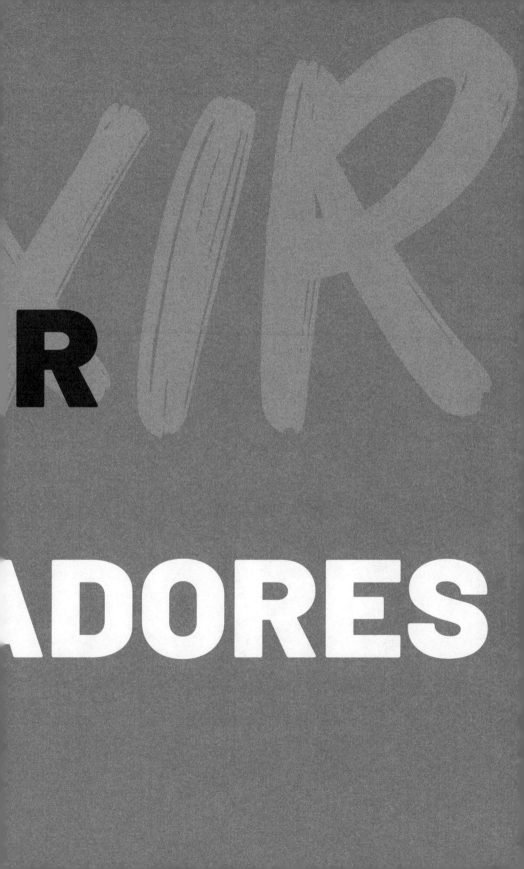

e encantaría abrir este capítulo revelándote un secreto milenario y efectivo para tener todo el éxito que jamás te hubieras imaginado, pero así como no existen fórmulas mágicas para alcanzar la felicidad, porque la felicidad no es algo que se encuentre de repente, sino un estado que se construye, tampoco hay una receta para alcanzar el éxito, se trata de una lucha constante que implica esfuerzo y sacrificios. A todos nos gusta sentir el sabor del triunfo, ver que cada paso ha valido la pena, pero hay un punto importante que debemos tener presente a lo largo del camino: ¿para quién vas a triunfar?, ¿vas a triunfar para ti o para alguien más? Ten en cuenta que el éxito verdadero vive en tu interior, independientemente de si el mundo lo puede observar o no.

Sé que parece contradictorio porque a todos nos gusta que los demás reconozcan cuando alcanzamos las metas que nos propusimos, con ello les comunicamos algo importante, pero no perdamos de vista que ellos destacarán sólo lo que les interese. Si se trata de personas cercanas que saben de nuestros talentos y esfuerzos y nos aprecian, se alegrarán por nosotros, pero también están las que no nos aprecian tanto y perciben nuestro triunfo como algo negativo para sus propios intereses. A ese segundo grupo no hay que rendirle cuentas, porque estaríamos trabajando para ellos y no para cumplir con nuestros sueños.

En mi caso, desde chiquito tuve claro que soy el resultado del esfuerzo de muchas personas que han estado siempre conmigo en este camino: he aprendido del esfuerzo de mi mamá, que es una luchadora incansable, de mis entrenadores, mi familia, mis amigos y todos los que han creído en mi potencial. Considero que un factor indispensable para alcanzar el éxito es mantener los pies en la tierra a pesar de soñar muy alto, porque mientras más peldaños vas alcanzando, más necesitas mantenerte en la realidad. Es indispensable y sano estar siempre cerca de las personas que pueden jalarte las orejas de vez en cuando y a la vez darte ánimos en todo momento.

> "HE APRENDIDO QUE NO SE LLEGA SOLO A LA CIMA, AHÍ VAS CON LAS PERSONAS QUE TE AMAN, TE QUIEREN Y TE ADMIRAN EN LAS BUENAS Y EN LAS MALAS."

Así como encontrarás aliados en tu camino, también habrá detractores, pero que eso no te quite el sueño. Las personas son muy distintas y la definición de éxito cambia dependiendo de la mentalidad de cada una, si tú tienes la tuya y te mantienes fiel a ella, lo que piensen los demás no tendría por qué afectarte. También ten en mente que el éxito va más allá de lo material, se compone de los valores de cada uno, de la coherencia con la que recorras el camino hacia él; cuando llegues al punto de máxima felicidad, sabrás que lo alcanzaste por tu propio esfuerzo.

Te repito: no hay fórmulas mágicas para ser exitoso; si las hubiera, ya no sería éxito, sino algo tan común y corriente que dejaría de ser especial. Pero hay factores que nos ayudan a ver con más claridad por dónde avanzar.

1 : Te recomiendo que te detengas un minuto y pienses hacia dónde te estás orientando. Tal vez te encantaría que te ubicaran como alguien exitoso en lo que haces, pero ¿has pensado qué dice de ti ese éxito? Primero es necesario que exista un propósito para lograrlo, debes sentir que cada acción que realizas tiene un efecto y genera un impacto significativo en tu vida. Si no lo tienes claro, te estarás esforzando en vano, desperdiciando energía porque estarás navegando sin una meta clara. A veces deseamos tanto que todos nos vean triunfar que olvidamos el propósito, cuál fue nuestro primer sueño y qué sentimientos nos producía pensar en él.

2 : Lo siguiente que se requiere es que haya satisfacción en el proceso. Constantemente nos topamos con personas que viven en la inercia, casi como zombis: trabajan mucho, producen mucho, quieren llegar a su meta a como dé lugar, aunque en el camino hayan perdido su alma, la pasión con la que empezaron un proyecto, la satisfacción de los pequeños triunfos que poco a poco dejan de tener significado. ¿Te suena a algo el término "estar muerto en vida"? Pues así es como me imagino hacer las cosas sólo para tener un resultado sin siquiera disfrutar o aprender durante el proceso. Por más demandante que sea cada uno de tus triunfos, debes asegurarte de que sean coronados con risas y goce.

3: Ten en cuenta el esfuerzo que inviertes en lograr tus metas. Ningún éxito es gratis, o por lo menos no uno que valga la pena y sea a largo plazo, por lo que requieres otorgarle tiempo, trabajo, dedicación y constancia para ver resultados. En la época que vivimos, estamos en una constante ansiedad por generar más y más, creemos que sólo se trata del pensamiento mágico, cuando en realidad es un esfuerzo de todos los días. Sucede también que le echamos ganas todo el tiempo y continuamos viendo la meta muy lejana; mi mejor consejo para eso, que me ha servido tanto en lo deportivo como en lo personal, es fijarte metas que te obliguen a salir de la zona de confort, que te hagan trabajar más duro de lo normal, que estén a tu alcance y por las cuales puedas felicitarte. Cosas sencillas como una repetición más, levantarse cinco minutos antes, porque esos pequeños logros constantes son los que te darán la seguridad de que estás avanzando por el camino correcto, con mucha fuerza y a paso firme. Verás que poco a poco, una vez alcanzada la primera meta, podrás ir por una más grande que requiera un esfuerzo superior.

4: Y por último, pero no menos importante, porque es el pilar de toda gran obra: créetela. La mayor parte de mi vida no creí en mí, pero al día de hoy puedo asegurarte que lo hago al 100%, porque he trabajado en ello y continúo haciéndolo. Uno tiene que creer en sí mismo como si supiera que tiene todos los éxitos garantizados, que ya vive en el estado de confort que siempre soñó; te aseguro que en cuanto lo hagas, tu chip va a cambiar y te moverás con una seguridad increíble. No digo que esto sea sencillo, también se trabaja todos los días porque después de cada fallo, pequeño o grande, tu confianza se siente herida; sin embargo, el único que puede restaurarla eres tú, y a partir de ahí, arrancar de cero cuantas veces sea necesario. Si eres consciente de que posees las características, el potencial y el talento suficientes para hacer frente a cada situación por más difícil que sea, tienes todo para intentarlo hasta ver tu éxito coronado.

Hay una idea muy fregona acerca de la relación que existe o el común denominador en las personas exitosas, y es la determinación. Ésta no tiene nada que ver con el talento o el potencial que uno tiene, pero es esencial para cumplir con las metas a corto y largo plazo. La cantidad que tengas define hasta dónde vas a llegar o hasta dónde llegará tu éxito. Los personajes más exitosos de la historia tienen una determinación que pocos poseen en esta vida y están dispuestos a someterse a situaciones extremas para conseguir lo deseado. Como te decía hace un momento, aquí no juega mucho el talento o tu potencial, que son importantes pero no lo único, es 100% DETERMINACIÓN lo que marcará la diferencia. Ten presente que a veces hay que trabajar el triple que los demás, pero si quieres tener lo que ningún otro tiene o convertirte en alguien histórico, debes llegar más lejos que el resto, ser único, vivir con determinación.

Recuerda que el éxito te pertenece sólo a ti y eres el único responsable de que se vuelva o no realidad. Pero cuando ya es un hecho, hay que manejarlo con cuidado, porque solemos ignorar que tiene dos caras. En una de ellas amamos todo lo que hacemos, se goza y se disfruta cada momento en que

nos retamos y a la vez somos parte de él. Su otra cara es la presión, la ansiedad y el resto de las sensaciones difíciles que vienen al necesitar tener un buen desempeño e incluso al ser un buen ejemplo. No se trata de ver sólo una de las dos caras y quedarse ahí, sino de poder manejarlas con un equilibrio sano: disfruta cada pequeño o gran triunfo porque son tuyos, has luchado por ellos y sólo tú sabes cuánto te costó estar ahí; y a la vez, enfócate, sé disciplinado y constante pero sin exigirte de más, porque correrás el riesgo de comenzar a odiar aquello que tanto amas.

Evita que el mar de ruido y emociones te controlen, trata de ser lo menos visceral posible, con esto me refiero a que no siempre confíes en el éxito inmediato (¿te suena algo como "volverse estrella de la noche a la mañana"?, ¿cuánto crees que dure eso?), más bien enfócate en construir algo sólido, a largo plazo. Mantén tu propósito inicial como guía, seguramente en el camino lo irás nutriendo de experiencias, pero escoge aquellas que te sirvan para darle más y mejores cimientos. Sé constante siempre, aunque al principio no puedas gozar de los frutos del éxito, pero ¿qué sabe mejor, lo que no cuesta trabajo o lo que se alcanza gracias al esfuerzo?

Si tu respuesta fue la primera, felicidades, no tendrás que preocuparte nunca porque simplemente no tendrás recompensas; y si tu respuesta fue la segunda, entonces eres consciente de que esforzarnos todos los días es esa chinga constante que a la larga trae los mejores beneficios. Yo he tenido que ceder tiempo y atención, pero estoy seguro de que ha valido la pena, de lo contrario, ahora estaría nadando en las temibles aguas de la distracción, pero afortunadamente tengo rituales de valor que son mis remos para seguir navegando, y hoy puedo compartirlos contigo.

CAPÍTULO 6

PASTI ROJA PASTI AZUL

enimos a este mundo a descubrirlo, ver hasta dónde podemos llegar, acumular experiencias, equivocarnos, intentarlo de nuevo, aprender, regarla otra vez, seguir aprendiendo... Venimos a mil cosas, pero todo eso es un proceso que lleva tiempo. Como ya dije, nada que valga la pena se da en un día o dos; si no eres constante, únicamente habrás perdido tiempo y energía en algo que no sucederá.

Pocas cosas nos hablan tanto de una persona como sus hábitos y sus rituales. Más allá de que sean buenos o malos, estas actividades tienen un efecto muy importante en ti y son una de las fuerzas más grandes que dictan cómo vives tus días. Detente un minuto a pensar, ¿cuáles son tus hábitos?, ¿en verdad crees que los tienes?, ¿qué dicen de ti? Siempre damos por hecho que cuando algo sale mal es porque la vida es injusta, algo fuera de nosotros tuvo que ver, fue culpa del otro, mil y un pretextos, pero si vinculas tus metas y objetivos con los hábitos que te definen, verás que casi todo éxito o fracaso se relaciona con ellos. Desde levantarte temprano y aprovechar tu día hasta tener el gusto y la constancia para aprender cosas nuevas.

El deporte es un claro ejemplo de ello. Quienes nos dedicamos a una disciplina debemos ser conscientes de qué hábitos nos aportan en la construcción de ese plan y cuáles pueden distraernos sólo por brindarnos una felicidad momentánea. Pasa en el deporte, cuando eres estudiante, cuando trabajas, sucede en cada ser humano: los hábitos nos dan identidad. Y no todos implican un sacrificio, hay muchos que te hacen sentir bien porque te llenan y benefician, se convierten en tus mejores aliados o en experiencias de paz.

Solamente tú, que te conoces a la perfección, puedes saber cuáles te hacen bien y cuáles no, qué hábitos o rituales debes fortalecer y cuáles necesitas cambiar. Si los tienes bien definidos, ten por seguro que te ayudarán en momentos clave para aprovechar al máximo las oportunidades.

"RECUERDA: NOSOTROS CREAMOS NUESTROS HÁBITOS Y DESPUÉS ELLOS NOS CREAN A NOSOTROS."

Yo tengo dos rituales de valor que me han acompañado a lo largo de mi vida, los considero sagrados y jamás los hago a un lado.

EL RITUAL MATUTINO:

Lo primero que hago al despertarme es meditar. Después de tantos años practicando gimnasia, puedo afirmar que mi vida cambió desde que incorporé esta actividad a mi rutina; incluso al día de hoy, que me dedico a otras cosas, la meditación es indispensable para empezar el día. Tanto la ciencia como otras corrientes del pensamiento han expresado la multitud de beneficios que puede ofrecer entrar en contacto con tu yo interior y tus pensamientos.

Otra actividad matutina que forma parte de mi ritual es escribir. Para mí representa un procedimiento sencillo y transformador a la vez, poner mis pensamientos en palabras es una herramienta mágica y altamente eficiente en la liberación y sanación personal. A través de la escritura puedo estar más consciente de qué está sucediendo en mi interior, me conozco mejor y puedo poner en orden mis pensamientos y emociones, desde los negativos hasta los más positivos, como mis planes y metas por cumplir.

Mi ritual matutino termina con una oración. Ya sea una religiosa, porque soy creyente, una espiritual o secular, me ayuda mucho encomendar mis pensamientos a un ser superior. Orar y dar gracias me brinda tranquilidad, me considero una persona muy espiritual y ésa es una de mis grandes fortalezas, algo que cultivo todos los días.

EL RITUAL NOCTURNO:

Para mí ese instante de relajación antes de dormir también se convierte en un momento de reflexión. Escribo para poner en orden mi ser y como un análisis de lo vivido, busco al menos tres logros o triunfos, cosas pequeñas que me hayan aportado, incluso cuando siento que tuve un mal día. Y al final, termino mi escritura con un breve párrafo para agradecer el acompañamiento de personas importantes en mi vida y lo que haya podido aprender de ellas. En resumidas cuentas, nunca es un mal día si lo ves desde la reflexión: hasta en las peores circunstancias puedes tener crecimiento.

Mis dos rituales se parecen mucho, pero a la vez, cada uno es diferente. El de la mañana lo veo como una preparación para la lucha de todos los días, y el de la noche es como respirar a consciencia por lo vivido. Son los rituales que hago desde hace mucho tiempo y me han funcionado para sentirme bien, poner en orden mis pensamientos y brindarme un poco de paz diariamente.

Cuando formules tus actividades, ten presente que estén hechas a tu medida y realmente hagan una diferencia en tu día al transportarte a un estado en el que te sientas con la preparación y motivación para enfrentar el mundo. Analiza con total sinceridad tus hábitos y sé objetivo antes de escoger cuáles se quedan para nutrirlos y sacar de ellos el mejor aprendizaje, y cuáles se van porque no aportan y sólo te restan atención. No es tan complicado, y representa un pequeño gran paso en la construcción de tus sueños.

Uno no necesita hacer cosas extraordinarias siempre, ni ponerse metas cada vez más difíciles, sino valorar esos pequeños logros que tienen que ver con los hábitos que vamos generando. Te recomiendo que identifiques los tuyos y con base en ellos des pequeños pasos que, en algún momento, te den la claridad y fuerza necesarias para correr tu propia carrera. Y en la medida que identifiques cuáles te funcionan, podrás desechar aquellos que no aportan nada positivo.

Llegados a este punto, hay un tema que me gustaría tocar porque siento que va de la mano con crear hábitos y deshacerse de otros, y son los distractores. Cada uno de nosotros sabe qué le hace bien y qué no, y aunque no es mi afán regañarte como un tío o un papá, me parece necesario hablar del espejismo que han creado las redes sociales. Ojo: yo las uso muchísimo, a través de ellas he conectado con un buen de gente de todas partes, pero siento que al darles más importancia de la que merecen como una herramienta, desenfocamos la realidad y perdemos autenticidad intentando ser otros a través de una pantalla.

El mundo moderno nos presenta su versión de éxito de acuerdo con lo que está de moda, y hoy esa moda es hacerse viral. Como en todo, hay muchos beneficios al estar visible y conectado con quienes te siguen y admiran algo de lo que haces, puedes convertirte en una inspiración, pero la línea que divide esa parte positiva del algoritmo negativo es muy delgada. Si no tomamos esta herramienta con responsabilidad, se convierte en un distractor y puede distanciarnos de la imagen del verdadero éxito y la felicidad real. Vivir presionados por mantener un estatus que no existe fuera de las redes sociales es lo peor que puede sucedernos, porque sacrificamos nuestra autenticidad mientras ese ideal sigue siendo imposible.

Lamentablemente yo caí en ese algoritmo, y por eso lo comento ahora: el espejismo de querer mostrarle al mundo que eres perfecto, que tu vida también lo es, cuando en realidad hay altas y bajas, no se puede complacer a todos y no tenemos por qué hacerlo fingiendo perfección. Mis etapas más solitarias y difíciles han estado relacionadas con periodos de "fama", porque es muy fácil que la opinión de los demás repercuta en uno, al punto de hacerte tomar decisiones que en otro momento no tomarías. Pero hay que tener algo muy claro: la gente que nos ve a través de las redes sociales reacciona y opina por el contenido que les damos; eso significa que si no nos gustan sus comentarios, la única forma de detenerlos viene de nosotros, qué les mostramos, qué permitimos que vean y hasta dónde dejamos que esa interacción dirija nuestra vida.

Desde que decidí mostrarme más abierto a como soy en realidad, sin máscaras ni deseos de aparentar que todo es perfecto, mi contenido me ha llevado a interactuar mejor con quienes están del otro lado; he defendido mi autenticidad, me he mantenido enfocado en lo que de verdad importa y he comprendido que las redes sociales son una herramienta, así que las uso de esa manera. También le he prestado atención de calidad a lo que verdaderamente vale la pena para mí, por eso te decía que un buen hábito gana terreno a los que no son relevantes.

Si tu rutina consiste en ver el teléfono y las redes sociales desde que abres los ojos y hasta que te duermes, no culpes a los demás de opinar sobre ti y tu vida, de que te afecten sus comentarios porque les estás abriendo la puerta a saber todo de ti. Y si, por el contrario, ya encontraste el equilibrio entre usarlas como herramienta y responsabilidad sin que interfieran en todo lo demás, felicidades, difícilmente van a contribuir a desenfocarte o arruinarán tus planes. Trabajar por objetivos te da la fortaleza mental para identificar lo que de verdad es importante.

Y en ese ejercicio de seleccionar qué sirve y qué no en nuestra vida, hay otro igual de importante. Te daré una pista: las palabras tienen significado, intención y fuerza, pueden crear cosas maravillosas y destruir con furia. Uno de nuestros peores enemigos es aquel que, en un abrir y cerrar de ojos puede desarmarnos por completo y hacernos añicos, y sólo tendremos ventaja sobre él si lo identificamos a tiempo. Pero espera, me estoy adelantando, eso quiero platicártelo mucho mejor a continuación.

"MIENTRAS MÁS CONECTADO ESTÉS CONTIGO MISMO, MÁS CRECE TU CAPACIDAD DE CONECTAR CON LA GENTE."

CAPÍTULO 7

LA FA
NO ES
QUE C

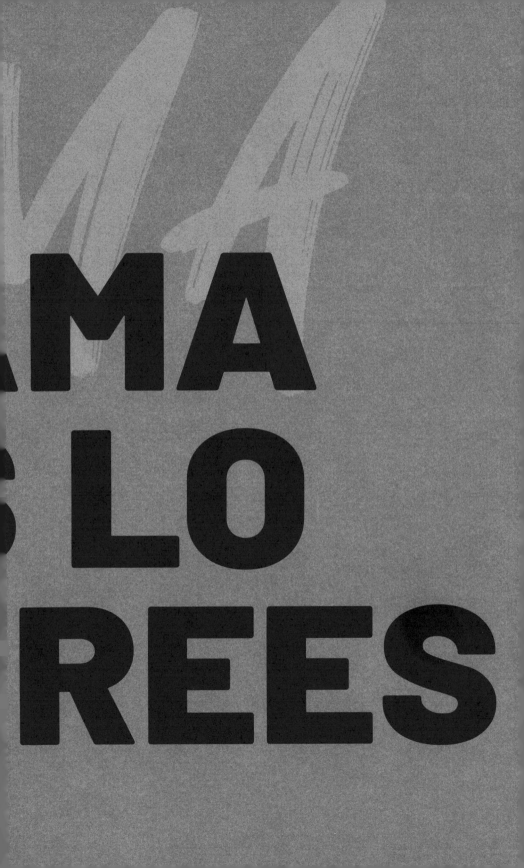

uizá te preguntes por qué comienzo con esta afirmación. Podría parecerte pedante, o que presumo tan sólo por ser una persona pública. Sin embargo, lo digo no por presunción, sino porque soy alguien que tiene muchas miradas encima, más de las que me gustaría, y eso me ha llevado a conocer a fondo los mitos y realidades de aquello a lo que la mayoría aspira: la fama.

Mi relación con esta exposición ha sido más fuerte de unos años a la fecha. Después de los Juegos Olímpicos de Río 2016 tuve un llamado junto con Anto para ser participantes de un reality en cadena nacional. En un principio no sabíamos qué iba a suceder, estábamos familiarizados con el programa pero no con el impacto que podría tener, por eso lo tomamos como una oportunidad para abrirnos las puertas a otra faceta, y de paso divertirnos y hasta ponernos a prueba en los retos. Una de las cosas que descubrí en el mundo del deporte mexicano es que es muy complicado poder vivir de tus resultados deportivos, incluso si eres campeón mundial o atleta olímpico, así que decidimos tomar la aventura sin saber lo que sucedería más adelante. Estuvimos en el programa y, como era de esperarse, fue un boom en la televisión, sin embargo, nosotros no sabíamos qué sucedía en el mundo exterior, estábamos concentrados en las grabaciones, totalmente aislados y desconectados. Cuando regresamos fue un choque bastante fuerte, y hablo en el caso de Anto y mío, porque éramos conocidos en el mundo del deporte pero no como figuras públicas, nuestra carrera no se creó a partir de la televisión. Te pongo un par de ejemplos sencillos: pasamos de poder estar como si nada en una plaza o en el cine, comiendo en familia o solos, igual que cualquier pareja, a no poder caminar por

los mismos lugares porque la gente se juntaba alrededor de nosotros en busca de una foto o un autógrafo.

Así empezó esta parte de fama. Curioso, ¿no?, haberme dedicado tantos años al deporte y que haya sido por medio de la televisión que mi vida diera un giro de este tipo en la esfera pública. Te cuento esto para que comprendas mejor mi visión de "ser famoso", y lo digo con énfasis porque pienso en la fama como una percepción ajena a uno, como la interpretación que le dan los demás a tu vida de acuerdo con una exposición, ya sea que la hayas buscado o no. Luego de más de veinte años de carrera deportiva y dedicación en la misma disciplina, medallas mundiales, Juegos Olímpicos, récords y perseverancia, fue a través de un programa que duró cinco meses y medio que obtuve la fama considerada por muchos lo máximo en la vida. Lo tomo con mucho agradecimiento, pero el punto principal para mí no es decirte que la fama es lo mejor, a menos que aspires a eso y sientas que te llena por completo, o un enemigo que debas evitar a toda costa, sino platicarte que, en mi experiencia, el descubrimiento inesperado fueron los cambios que suceden cuando llegas a eso. Todos y cada uno de nosotros queremos en algún momento ser reconocidos y famosos, aunque no necesariamente sea lo mismo para cada quien, pero damos por hecho que sí: tener un estatus social o una imagen ideal que los demás puedan ver y admirar; sin embargo, en la actualidad no necesitas hacer algo extraordinario para lograrlo, tan sólo mira tus redes sociales un par de minutos y piensa a qué se dedica cada una de esas figuras que ahora son virales.

Aquí lo importante es la forma en que uno busca ser famoso. Y una de las cosas que conlleva la fama es que comienzas a caer en un mundo en el que piensas que debes satisfacer o que tienes la responsabilidad de contarles a todos tu vida, tus sentimientos, lo más profundo de ti pero acorde a lo que ellos quieren. La presión mediática puede ser muy fuerte y confundirte sobre lo que realmente quieres o lo que desean los otros, sobre la diferencia entre quién eres y la imagen que proyectas, la cual a veces no encaja con la percepción de los demás. Fíjate cómo algo en apariencia tan simple se complica cuando les das entrada a las opiniones de miles y millones; eso es lo que hace la fama, o más bien la manera en que se relaciona con ella quien la posee. Esta perfección a la que uno aspira no es eterna, ni siquiera se puede mantener por mucho tiempo porque es una fantasía, una muy buena si sabes cómo sobrellevarla, pero destructiva si dejas que te rebase. Es muy difícil abrirse ante los demás como uno es en realidad porque a veces pensamos que tenemos algo mal, que una parte de nosotros no satisface a los seguidores o que a ellos les debemos tanto como para cambiar nuestra esencia, y aquí es precisamente donde la fama me causa mayor conflicto.

Todo esto representa un cambio muy fuerte. Tu vida deja de ser privada, los demás saben cada detalle de ti, es una situación que genera estrés y ansiedad, además de que no tienes un tiempo justo de descanso y recuperación porque te sientes en la mira de todo mundo, otorgas lo que ya hiciste y lo que aún planeas hacer. La fama es una herramienta muy poderosa, puedes usarla a tu favor y llegar más rápido o con mayor fuerza a tu meta o a aquellas cosas que realmente te harán feliz, pero como te decía hace un momento, también puede nublarte la visión y apartarte por completo del objetivo inicial. He descubierto y aprendido en mi experiencia y la de otros que una persona feliz es aquella que se siente en proceso y en constante crecimiento, que se acerca a las metas que la llenan por completo. En el camino pueden estar las tentaciones de la fama, como los beneficios a corto plazo, lo instantáneo, llámese más fama y exposición, dinero, comodidad, que pueden ser atractivos, pero también distractores o pausas de un buen proyecto de vida.

Me he dado cuenta de la enorme diferencia que representa no caer en la tentación de querer conseguir las cosas de la manera sencilla por medio de la complacencia de los otros. Es muy fácil sentir que la fama es parte de tu felicidad o tu felicidad en sí, o que el reconocimiento y el aplauso externos son la prioridad. Después viene lo peligroso porque empiezas a generar un vacío si no percibes un reconocimiento en aumento o constante, y para tenerlo de vuelta priorizas aquella imagen por la que te aplauden, te pones la máscara de la complacencia y quien eres en realidad queda en segundo plano. Hasta este punto dirás: "Daniel, pero para ti es fácil porque eres famoso". Y sí, soy una persona expuesta, precisamente por eso comprendo lo fácil que es dejarte llevar por un momento de reconocimiento, sé cómo aumentan el estrés y la ansiedad, pero también cómo he trabajado en mis procesos para mantener mi esencia y mis objetivos claros. He luchado por ellos con constancia y me he alejado del camino sencillo de estar en el ojo público por polémicas, prefiero que sea por mi esfuerzo en lo que de verdad vale la pena.

Si tu satisfacción y plenitud van de la mano con el reconocimiento, entonces le das más poder del necesario y dependes de la validación ajena para sentirte bien. Me atrevería a decir que buena parte de las personas que son abrumadoramente famosas sufren alguna situación relacionada con esto, tratan de llenar un vacío con tanta exposición o simplemente llega el momento en que les abruma. Para mí la base para poder identificar todo esto han sido mis sesiones con psicólogos desde muy joven. Eso me dio las herramientas para saber cómo manejar este tipo de cosas (incluso cuando aún no eran tan relevantes): aquellas que están fuera de mi control, como la percepción de los demás, pero principalmente las que sí dependen de mí, que son mis decisiones, la gestión de mis prioridades y cómo o qué tomar de la opinión ajena. Sin embargo, a pesar de estas herramientas, soy consciente de lo sencillo que podría ser caer en un mundo de apariencias y complacencia, darles más peso a ellos y, como consecuencia, sentir un vacío que podría ser llenado con una imagen distorsionada de alguien que no soy pero complace. Todo esto es muy delicado y puede derivar en una depresión.

Pienso que la fama no es para todas las personas. Ya te decía que en principio seduce porque aquello que antes veías distante se convierte en algo fácil de obtener. Como consecuencia puede llevarte a lugares muy oscuros, donde comienzas a actuar o ser influido por personas que en un inicio no son como tú pero te hacen sentir bien; pierdes autenticad haciendo cosas que jamás harías, y esa máscara se apropia de ti hasta despojarte de tu verdadero rostro. Pero si lo ves desde otra perspectiva, te darás cuenta de que la fama también puede ser muy bonita porque es un reconocimiento a algo tuyo, viene de la admiración a ti, a tu esfuerzo y dedicación, a tu carisma si eso es lo que muestras; te acerca a muchas personas que dedican tiempo y atención a tus proyectos, perciben tus valores, y eso se agradece enormemente. Yo tuve la fortuna de combinarla con mi currículum deportivo, ya que más adelante otras personas ajenas al deporte me conocieron por una plataforma televisiva; traté de mantenerme fiel a mis principios y aun así todo esto no ha sido fácil. La televisión es engañosa, se basa en popularidad y casi siempre orienta el foco hacia los conflictos y el drama, y si alguien cae en ello por la fama inmediata y lo seductora que puede ser, los valores que lo definen también se quebrarán. Lo que recomiendo a través de mi experiencia es moverse con mucha inteligencia: qué quieres de esto, cómo deseas mostrarte, en qué te va a beneficiar, qué pasaría si no contaras con esta plataforma de exposición. Recuerda que una sola falla o tropiezo, algo que no va con quien eres en realidad, puede dañarte por mucho tiempo.

A mucha gente le sucede que se vuelve famosa de la noche a la mañana, pero después de eso cae en el olvido, o el fenómeno inmediato hace de las suyas y la atención se enfoca en alguien más, no logran mantenerse y después de eso no saben qué hacer. El mundo real da muchas lecciones, unas de forma más cruel que otras, pero todas nos llevan a distintas partes y nos hacen reflexionar sobre quiénes somos y hacia dónde apuntamos. Hay que saber distinguir entre lo real y lo pasajero. La siguiente frase puede sonar como un cliché: utiliza la fama para algo positivo y permanecerá. Sin embargo, es cierto, si no te enfocas y diriges esa atención que no sabes cuánto tiempo puede durar, si no aprovechas el apoyo, todo quedará en una experiencia de la que quizá ni siquiera tendrás algo tangible o un aprendizaje verdadero.

"SI NO TIENES CLAROS TUS OBJETIVOS COMIENZAS A DESVIARTE, PIERDES EL FOCO DE LO IMPORTANTE, LO QUE A TI TE LLENA DE VERDAD, PORQUE LA OPINIÓN DE LOS OTROS Y LO QUE DIGAN VA GANANDO FUERZA."

La fama es interesante, buena si sabes para qué quieres utilizarla, si defines cómo quieres hacerte famoso y cómo deseas ser recordado, qué de todo lo que muestras te dará orgullo en unos años. Si yo me hice famoso por la gimnasia, el reality o mi forma de pensar, lo asumo porque es coherente con quien soy y cómo me desempeño. Pero aquí lo que resalto es cuando se alcanza la fama siguiendo una moda, suplantando una personalidad que no va con tu estilo ni te corresponde; es la vía rápida para la exposición y lo haces con tal de mantenerte visible. Ahí es cuando vienen los problemas de espacios vacíos, de depresión o ansiedad, de sentirte insuficiente. Le das la vuelta a algo que podría ser bueno, como estar en contacto con personas que te buscan por quien eres, y experimentas frustración porque no puedes ser quien ellos esperan. De un momento a otro te echas encima más responsabilidades y la necesidad de prestar atención en áreas donde el vacío se vuelve cada vez más grande. No te recomiendo caer en las tentaciones con beneficios a corto plazo porque alimentarías un monstruo de ambición que no se llena con absolutamente nada que le des, ni todo tu tiempo ni toda tu atención, ni siquiera tu salud mental, y créeme que nada en este mundo vale esos tres sacrificios.

La fama es un fenómeno de momentos. Habrá uno en el que la persona más expuesta, quien te imagines, pasará de moda, o dejará ese apogeo si no tiene una base sólida, algo que fundamente por qué está ahí, o si no aprovechó tanta exposición para cumplir sus sueños iniciales, esos que valen la pena. Haz el siguiente ejercicio: piensa en cómo serías si fueras famoso, si tuvieras toda la exposición y reconocimiento que siempre has deseado, enfócate en cada detalle. Y ahora imagínate sin todo eso: quién eres en realidad, cómo eres en tu más pura esencia. ¿Esas dos imágenes son iguales, parecidas o no tienen nada que ver? ¿Visualizaste tus sueños y aspiraciones más profundos y los cumpliste o sólo imaginaste la parte material? A esto me refiero con que la fama puede ser un buen trampolín para conseguir una meta, pero si no sabes de dónde viene esa meta o cuál es su cimiento, sólo construirás castillos en el aire, en un instante ya no serás el más visto. Si no tienes claro quién eres y para qué te servía esa fama, el golpe de realidad puede ser doloroso.

Volviendo a mi participación en el reality, tuve la fortuna de identificar muy bien desde el principio cuál era mi objetivo en la televisión. Tenía una idea de cómo funcionaba, sin embargo, lo que sucedió ahí y el impacto que vino después me sirvieron para tener claridad sobre quién soy, hacia dónde me dirijo y cuáles son mis prioridades. Entré pensando en ser yo mismo, sin filtros ni complacencias, sin afán de llamar la atención por motivos contrarios a mí, mentalizado siempre porque no iba a dar mi integridad por lo que me durara estar en el ojo público. Al día de hoy me siento sumamente agradecido con la televisora y con el programa por la oportunidad, pero también con cada una de las personas que se acercaron a mi carrera deportiva porque me observaron a través de una pantalla y empatizaron conmigo; agradezco a quienes se identificaron con mi pensamiento y después me detuvieron en la calle para una foto, un abrazo o simplemente lo más valioso: contarme que dedicaron tiempo a ver mi desempeño en el programa. Mi experiencia con la fama ha sido bonita por eso: me he mantenido auténtico, me he mostrado en paz y en armonía con quien soy en esencia y he recibido un trato recíproco.

Me quedo siempre con lo mejor, el aprendizaje y el cariño. Con la oportunidad de demostrar que Daniel Corral no sólo es un deportista que apareció en un programa, sino alguien que año con año y etapa tras etapa busca la felicidad en cada cosa distinta, en los retos y oportunidades de crecimiento. Puedo decir que he usado mi exposición con los propósitos e intenciones más acordes a mí, con los proyectos que me apasionan, y a pesar de que después hubo varias invitaciones a volver, también llegaban otras propuestas con las que me sentía más identificado. Agradezco lo vivido porque fue una experiencia única, pero me quedo más con mi aprendizaje humano que con el espejismo que puede darse tan sólo en unas semanas o meses, que no es igual a toda una vida dedicada a perseguir y lograr sueños.

"CURIOSAMENTE EN EL CAMINO DESCUBRÍ QUE LAS PERSONAS MÁS PLENAS SON LAS QUE MENOS NECESITAN PRESUMIR QUIÉNES SON Y LO QUE TIENEN, SIMPLEMENTE SE DEDICAN A DOMINAR EL ARTE DE VIVIR SU VIDA Y A DISFRUTAR SU 'RIQUEZA' A SU MODO SIN NECESIDAD DE MOSTRARLA AL MUNDO."

CAPÍTULO 8

EL AMOR
RELACIO
DESCUB
QUE NUN
TERMINA

**V**enimos a este mundo a vivirlo plenamente, o al menos ésa es mi visión de las cosas. Me he dedicado por completo a una disciplina que me exige mucho, tratando de encontrar mi equilibrio emocional, mental, social y físico; y con el tiempo me di cuenta de que la persona que soy, en lo que me he convertido, debía ser coherente en todos los sentidos, lo mismo que mi vínculo con quien me completara sentimentalmente. Cuando estamos enamorados a todos nos gusta decir las bondades del amor, pero mi mayor aprendizaje ha sido ver esas bondades y aquello que lo acompaña: los claroscuros y todos los momentos del estado de plenitud, aunque no siempre sean los mejores ni los que nos han enseñado en las historias de los otros. Este descubrimiento lo he vivido, como muchos saben, al lado de una persona extraordinaria, Anto, en una relación pública, siendo ambos deportistas.

Quiero hablarte de aquello que quizá supones pero no te habían dicho plenamente, y es cómo se vive una relación siendo figura pública. He tenido un enorme crecimiento personal y obviamente de pareja en los últimos años, porque Anto y yo hemos pasado por muchas cosas, desde la exposición mediática hasta dedicarnos al deporte de alto rendimiento y entablar una relación a larga distancia, que es otro gran tema con descubrimientos inesperados. Si tener una relación estando en la misma ciudad es difícil, ahora súmale que sea pública y, el extra, vivir en ciudades diferentes. Ante esto ha sido indispensable tener la mayor comunicación posible. La confianza se da en la medida que seas leal a tus valores y a los de la otra persona; que asumas el compromiso de respetar como a ti te respetan; que hables y digas qué te gusta, qué te disgusta. Porque la comunicación es básica, puede ser el principio de una historia maravillosa o el inicio de la peor de las pesadillas, dependiendo cómo la uses.

En una relación pública tienen que ganar la atención, la paciencia y la comunicación en pareja frente a la falta de éstas por parte del mundo externo y los millones de ojos que observan. De entrada, hay mucha presión porque en ocasiones te sientes enjaulado, no puedes expresar tus sentimientos con cualquier persona, ya sea en privado o en una reunión. Imagínate quejarte o contar algún plan, que eso se tome a mal y sin querer expongas a tu pareja. Tampoco es fácil ser nosotros mismos en público porque hay que cuidar esa parte: no llevar la intimidad al ojo de los demás, y con esto me refiero a cosas tan simples como no estar de acuerdo con algo, porque quienes estén alrededor pueden darle otro significado únicamente para sacar provecho. Anto y yo hemos vivido nuestra relación con respeto, no para que también se hable de eso, sino porque así somos, entonces sería muy feo que nuestras bases y valores se desvirtuaran o quedáramos mucho más expuestos. Esto tiene que ver, como te decía hace un momento, con las dos caras de la fama, que puede ser muy buena si la sabes llevar o nociva si te perjudica, incluso en lo sentimental.

El alcance de las redes sociales en esta época también hace lo suyo. Cuando compartes algo porque eres feliz, supones que les llega a personas que se alegran por ti, pero no siempre va por ahí porque quizá a ellos no les encanta verte en ese estado. No te niego que podría llegar a ser frustrante. Si te preguntabas hace un momento por qué te decía que la fama tiene sus altas y bajas en cada cosa: ésta es una de ellas. Una relación pública requiere mucho cuidado, siempre te observan y te reconocen; un mal gesto, una cara de molestia o incomodidad, hasta un mal chiste podría ser motivo para sacar de contexto la situación y pasarla a otra dimensión.

Si es complicado pretender estar feliz y contento todo el tiempo cuando estás solo, ahora imagínate en pareja. Es una cuestión de fortaleza emocional y mental, y una pareja se define mucho por la capacidad que tiene para saber manejar distintas situaciones, en qué momento y en dónde. Por otro lado, he aprendido a percibir lo que las demás personas ven realmente en nosotros. No sólo se trata de que muchos esperen una relación perfecta, que en nuestro caso no es así, sino una real. Antes, por sus muestras de cariño, yo pensaba que admiraban la relación que les mostrábamos, pero me di cuenta de que admiraban (y aún lo hacen) a las personas que somos. Me explico: la ven a ella, qué le gusta, cómo es en su día a día, y me ven a mí, cómo soy, cómo me desenvuelvo sin ella, cómo pienso; observan que en conjunto somos iguales a como podríamos ser separados. Ser pareja no se trata de asimilar al cien las conductas del otro, sino seguir siendo tú mismo y mantener tu esencia, ahora en conjunto.

Es importante compartir lo que hay detrás de nuestra relación, ya que cuando es conocida o pública siempre hay expectativa de la gente. Nosotros somos como cualquier otra pareja: hay momentos felices y hay otros en los que discutimos y no estamos de acuerdo. Como novios hemos tenido algunos desacuerdos en los que tratamos de llegar a un punto de entendimiento, eso es absolutamente normal. Muchas veces las personas idealizan la relación de alguien famoso creyendo que está fuera de este mundo: debe ser la más perfecta de todas o, al contrario, tener muchas cosas malas que den de qué hablar. Sin embargo, no va a ser así sólo por que seamos conocidos o nos dediquemos a algo que nos tiene en la mira de mucha gente, porque, antes que nada, somos dos personas muy normales que simplemente tienen una vida y una profesión expuestas.

En una relación siempre hay todo tipo de temas, discusiones, diferencias e incluso decepciones y es normal, al final estás con alguien distinto a ti, aunque obviamente no deberían ser tantos ni orillarte a decisiones drásticas, no sería sano estar a la fuerza. Nosotros lidiamos con eso pero al doble o al triple por tratarse de una relación conocida. Alguien en nuestra situación tendría que manejar todo con mucha sensibilidad y no hablar a la ligera porque sería dañino para el otro. Así como se idealiza a un famoso, las personas que observan pueden sentirse decepcionadas por algo mínimo que no conocen a profundidad. Los problemas más chiquitos adquieren otra dimensión, y aquí va mi punto: o te cuidas mucho más y cuidas del otro, o soportas todo lo negativo que se genere por malentendidos; a mí ésta no me parece una opción.

Está claro que la gente tiene altas expectativas con las relaciones de personas públicas, y también que esto únicamente es de nosotros, aunque hayamos decidido compartirla con los demás. Sabemos que unos sólo quieren ver la cara bonita de las cosas, y si no nos mostramos así a cada instante somos susceptibles a otras interpretaciones, pero fingir que todo es color de rosa siempre sería vivir en una mentira, entonces nos alejaríamos más de lo que somos realmente y de la honestidad que nos caracteriza. Por eso la privacidad es elemental, ya sea que tengas millones de seguidores o no, es una forma de respeto hacia ti, hacia tu pareja y lo que han construido; lo mismo pasa con la lealtad y la sinceridad, que no pueden tomarse a la ligera. Nos encanta irnos de viaje y a veces la motivación es que en otros lugares nos sentimos liberados, nadie nos conoce o si nos ven no importa; somos una pareja más que se la está pasando bien, se divierte, juega, que podría discutir por alguna tontería y contentarse a los cinco minutos sin temor a que le saquen una foto y de inmediato ser noticia, o que podría molestarse y quedarse así más tiempo mientras algo la hace reír de nuevo, como a cualquiera.

No puedo negar que después de salir del programa ha sido difícil llevar una relación así, con tantos ojos mirando y comentarios de personas que ni siquiera nos conocen de cerca, quienes vulneran con afirmaciones que pueden afectar el equilibrio de la relación. Conocimos la fragilidad estando expuestos a comentarios injustos, pero aprendimos algo muy importante: cualquiera es propenso a que otros se involucren en su relación por el simple hecho de opinar. Cuando estuvimos dentro del programa nos comportábamos normal, pero la gente veía algo distinto y le parecía un poco manipulado. Pienso que lo mismo sucede en otras relaciones: tú y tu pareja están en su mundo y fuera de él las personas sacan sus propias conjeturas, dicen cosas, inventan escenarios. Nosotros nos conocemos y por eso pudimos manejar la situación, entendimos que la interpretación que les den los demás a lo nuestro es cosa de ellos, y lo que nos corresponde es actuar de acuerdo con nuestros valores y quienes somos en realidad. Por eso sé que no hay más historia que la que se vive en pareja, es la única y la que cuenta. Uno tiene que aprender a distinguir las cosas reales de aquellas que no lo son, a ignorar lo que no existe y sólo es producto de la imaginación de los demás; mientras uno esté claro y tenga la consciencia tranquila, lo negativo pasará de largo. Una clave en esto es saber desconectarse de todo y vivir la relación como tú y tu pareja quieran, sin intención de satisfacer una imagen construida por alguien más, porque esto podría robarle la autenticidad a un vínculo real.

Si manejas con sabiduría ese balance entre lo que sólo le pertenece a la pareja y aquello que vale la pena compartir porque es bonito, las cosas pueden funcionar mejor, pero hay que tener siempre presente que si decides abrirte a que los demás sepan de ti y cómo vives la relación a cada momento, más complicado será pedir privacidad y respeto ante alguna eventualidad. Como todo, se trata de hallar el equilibrio justo.

"NUESTRA RELACIÓN NO ES PERFECTA Y LO DECIMOS CON TODA HONESTIDAD, PORQUE VIVIMOS Y APRENDEMOS DE CADA DETALLE QUE LA HACE REAL, NO IDEALIZADA, SINO NUESTRA."

Cuando tienes una relación con alguien que se dedica a lo mismo o algo muy similar a lo tuyo comprendes muchas cosas, no digo que sea el mejor escenario pero es el que conozco y me ha brindado otros descubrimientos. En nuestro caso, la preparación deportiva de cada uno ha sido intensa física, mental y emocionalmente, por lo que requiere de mucho tiempo y esfuerzo. Sé que ella tiene objetivos primordiales, ya que es su profesión; yo tengo los míos y también los que estuvieron en mi horizonte durante las competencias mundiales y olímpicas, éstos se dieron porque hubo comunicación y respeto hacia esa actividad. Una relación es sana cuando comprendes eso sin el afán de rivalizar con tu pareja (porque suele suceder cuando comparten profesión), sabes que sus actividades son importantes para ella como las tuyas lo son para ti. Entiendo los sacrificios, los procesos duros y la satisfacción que te da conseguir una meta, y si pienso en esa alegría, precisamente es la que deseo que experimente la persona con la que estoy y quiero compartir mi vida. En mi experiencia, sé que o te concentras en la preparación olímpica o te concentras en otra situación, incluyendo una relación; si quieres ambas entonces el esfuerzo es doble y también el equilibrio, para que las adversidades en una cosa no tengan una repercusión negativa en la otra.

Como seres humanos somos susceptibles de tratar de copiar modelos. Admiramos el éxito de los demás y queremos algo similar, sin embargo, eso nos llena de expectativas que no son reales o que no tienen que ser compatibles con nosotros. He aprendido a diferenciar cuáles son esos mitos alrededor del amor y las relaciones y cómo se dan las cosas en la vida real, comenzando por la idea generalizada de que el amor es un cincuenta de un lado y un cincuenta del otro, y no. Debe ser cien de cada lado porque cada uno debe tener sus propias metas, objetivos, sueños y personalidad, y el tiempo libre es el que se comparte. Si esta afirmación está rompiendo con tu concepción de las relaciones, muy bien, eso me gusta, porque para mí tiene una razón de ser, y considero que ha sido de mis máximos descubrimientos.

Una relación feliz es cuando una persona está satisfecha y plena con su vida, con lo que sueña y lleva a cabo, cuando trabaja para alcanzar las metas, y la otra está igual de plena con las suyas. Estar en pareja no implica que la otra persona te hará feliz, sino que tu propio proyecto de vida es lo que te brinda esa felicidad y en un estado pleno puedes compartirlo. Me parece importante recordarte que es muy diferente un proyecto de pareja o familiar a uno de vida, el individual, que te acompañará siempre, ya sea solo o con alguien más. Cada quien debe tener el suyo. Imagina que uno de los dos haga check en cada cosa que le interesa, sus sueños cumplidos: el profesional, en mi caso el deportivo, el personal, por mencionarte algunos, y la otra persona no se sienta bien con los suyos, no los alcance y viva con la frustración de una existencia insatisfecha, inevitablemente habrá un desequilibrio que repercutirá en la vida en pareja. Si entran en conflicto por algo mínimo, a pesar de que el amor esté ahí, tengan buena comunicación y armonía, la insatisfacción saldrá a flote. Si primero uno no tiene ese equilibrio, el de pareja será inalcanzable.

En nuestro caso, ambos hemos tenido triunfos deportivos y la gente los observa y los celebra, lo agradecemos mucho, sin embargo, no todo mundo sabe lo que hay detrás: el sacrificio de no vernos durante meses, porque las metas profesionales son importantes para cada uno, nos dan felicidad; el bienestar de la relación depende de la felicidad individual para que entonces tenga sentido cuando se comparta. Digamos que hemos estado solos trabajando en nuestros sueños individuales para tener una armonía en pareja y unir esa felicidad individual.

Haciendo los mitos a un lado y porque aquí se trata de exponer descubrimientos que vivo como verdades, quiero compartirte algo que me ha hecho ver las relaciones de otra manera: yo no hago feliz a mi pareja. Lo mantengo como un descubrimiento acertado, porque yo no le voy a brindar la felicidad o ella me la dará a mí, sino que cada uno la busca por sí mismo y en pareja la reforzamos; estamos juntos para apoyarnos pero no para resolver la vida del otro. Siempre habrá sacrificios para conseguir metas personales, en nuestro caso es en el deporte: entregamos tiempo y atención por cumplir con lo que nos apasiona; yo prefiero que mi pareja entrene todas las horas que ella considere necesarias y vuelva con la felicidad de haber conseguido una meta más que estar juntos todo el tiempo y que sienta la insatisfacción de no cumplir sus objetivos. Me ha sucedido que durante la preparación para competencias importantes algo no ha salido como yo esperaba, una rutina o un resultado, y ante eso la relación se ha visto afectada porque compartimos sentimientos; si yo no estoy bien, la relación se desequilibra, a pesar de que todo lo demás sea perfecto. Ella no me va a dar la felicidad de una meta personal, ni yo a ella, y para llegar a esta conclusión y vivirla a conciencia hay que dejar de lado el ego que dicta que uno es el salvador del otro.

Pienso que el origen del rompimiento de muchas parejas proviene de ese mito de que uno va a hacer feliz al otro. A mi pareja no la voy a hacer feliz, voy a reforzar la felicidad que hay en ella; mi labor es apoyarla en sus proyectos, tener claro que son suyos, celebrarlos y estar ahí cuando ella lo necesite. Una vez que entiendes eso sientes una plena libertad para vivir en una relación sana, te das cuenta de que no pones tu felicidad en manos de otra persona, y ella tampoco siente una responsabilidad de hacerse cargo totalmente de tus emociones.

Y por último, el mito de las afinidades. Ambos nos dedicamos al deporte, sin embargo, todo lo demás que compone nuestra vida no es similar, comenzando por nuestros gustos y personalidades: yo puedo pasar la tarde en el cine y ella no; yo soy ordenado y estructurado y ella es espontánea, creativa y no se lleva bien con el orden; yo soy solitario y ella es muy social y extrovertida. Las diferencias entre los dos son fortalezas siempre y cuando las características de uno no perjudiquen al otro. Los dos hemos aprendido que para que algo funcione debemos mantener nuestra esencia; no intentar cambiar al otro; conciliar en cuanto a las decisiones; a veces ceder, otras defender nuestra posición; hallar el punto medio para que la convivencia sea sana. En el momento en que te pase por la cabeza querer cambiar cosas importantes del otro porque con eso serás feliz, lo único seguro es que vendrá el inicio de una serie de problemas. El fundamento de una relación sana está en cada individuo, la armonía proviene de ahí. Nos queremos y estamos en esta relación porque respetamos nuestra individualidad. El tiempo de ella en sus actividades es sagrado, puedo estar a su lado si me lo permite, así como ella está a mi lado si me siento cómodo con eso.

Así ambos nos dimos cuenta de que lo único que debemos compartir al cien es el amor, el respeto, la forma de pensar en nuestra fidelidad y la manera de compartir los valores propios con el otro. Para tomar la decisión de compartir nuestra vida tuvimos que poner en palabras todo esto, ser coherentes con nosotros mismos y el proyecto en pareja, con qué es negociable y qué no. También tuvimos en mente que la pareja no es aquella con la que viviremos siempre los mejores momentos, sino la que desearemos que esté a nuestro lado en los de crisis. Esa decisión define quién es la persona correcta. Los gestos de amor van más allá del romance y lo físico, también evolucionan conforme avanza la relación, y esto es lo bonito: un amor vivo es el que crece y va cambiando, se ajusta al tiempo en el que se da y sólo se fortalece.

Durante mis primeros meses casado tuve descubrimientos importantes. Pienso que lo ideal es que exista 100% del lado de cada uno, que cada quien tenga y luche por sus propios sueños y metas, porque son los que alimentan la relación para que funcione y se fortalezca; el éxito siempre dependerá del esfuerzo de ambos. Sin embargo, aunque ese 100% es el escenario ideal, al que aspiramos, a veces no representa el real. En mi caso, suele haber presiones de cada lado: Anto puede tener tan sólo 20% del entusiasmo y energía por haber vuelto de un entrenamiento muy pesado o pasar por el estrés de prepararse para una carrera, o yo termino tan sólo con 10% después de un día cansado; y justamente aquí es donde el estado ideal se rompe a la menor provocación por factores externos. A veces me toca poner ese 80% restante y otras es Anto quien pone el 90% que falta.

Cuando una relación evoluciona nos damos cuenta de que no puede ser 50-50, ni 100-100, aunque sea el estado ideal porque la vida cambia cada día y uno tiene que ajustarse a eso como un equipo. Si se consigue que ambos estemos a 100% y podamos compartirlo, ¡éxito seguro!, ¡a disfrutar la relación! Pero la realidad es que no podemos planear todo ni que sea así siempre. De verdad no pasa nada si no llegamos al estado ideal, mientras la razón no corresponda a actitudes tóxicas o dañinas y continuemos persiguiendo objetivos sanos, metas, sueños y propósitos alineados con cada uno y que se puedan compartir si ése es nuestro deseo.

En una relación uno aprende a trabajar en equipo: nos adaptamos, nos entendemos, nos adecuamos y hacemos que las cosas salgan lo mejor posible. Eso es ir lado a lado por la vida. Llegar a estos descubrimientos ha sido una aventura, tomando en cuenta que el primer modelo de pareja que uno ve es el que tiene en casa con los padres. Pronto me di cuenta de que ellos fueron educados de una manera y llevan su relación con base en sus principios individuales y de pareja. Mi forma de ver las relaciones ha sido producto de muchas cosas, desde mis valores aprendidos hasta las reflexiones y decisiones que han madurado en mí.

"VEMOS LAS RELACIONES DE LOS DEMÁS, LAS IDEALIZAMOS TOMANDO EN CUENTA SUS ÉXITOS, PERO SI HAY FRUSTRACIÓN EN LOS PROYECTOS PERSONALES, SI UNO DE LOS DOS NO ES FELIZ, ENTONCES EN PAREJA TAMPOCO PUEDE HABER PLENITUD."

CAPÍTULO 9

EL UNIVE DE LO IRREA

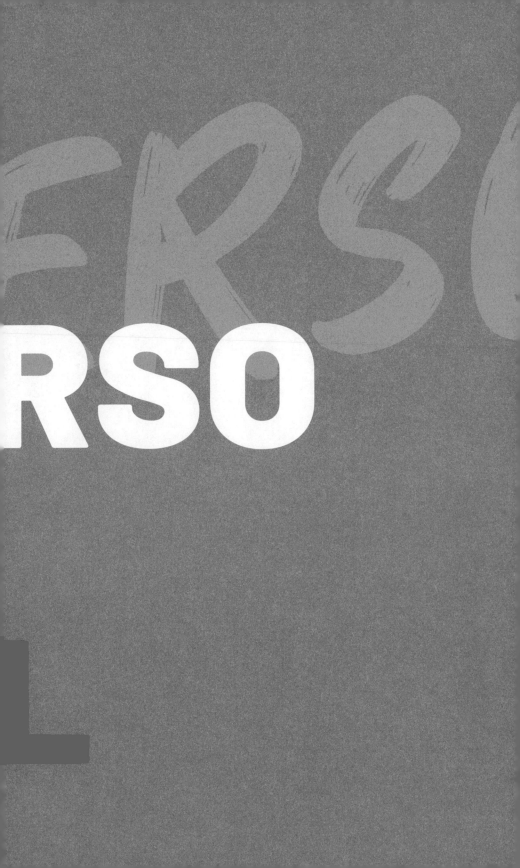

l día de hoy, la mayoría de las personas quiere ser famosa. Vivimos un momento en el que la sociedad piensa que el influencer tiene una vida fácil porque sólo crea contenido y gana mucho dinero, pero detrás de él ¿qué hay?, ¿nos preguntamos qué sucede con su esencia o qué relación tiene su verdadera personalidad con lo que muestra? Yo también me lo he cuestionado muchas veces ante ciertas reacciones, y no dejo de asombrarme con la dependencia que uno puede llegar a tener a los dispositivos y a aquella vida "perfecta" que sólo existe detrás de una pantalla. Hablemos de un tema que me apasiona por ser tan complejo: las redes sociales y el mundo virtual. Quiero compartirte mis descubrimientos inesperados, una declaración de amor o de rechazo al internet y sus algoritmos.

Antes hablábamos del concepto de fama y cómo está relacionado con las redes sociales, que a fin de cuentas son una interacción digital, muy buena si sabes cómo llevarlas y tienes responsabilidad, primero contigo mismo, pero malas si caes ante el espejismo de la felicidad inmediata. Durante el tiempo que llevo en un medio donde estoy bastante expuesto he tenido muchos descubrimientos en torno a las redes sociales, me he dado cuenta de que la mayoría de las personas que vienen de situaciones complicadas, a quienes les costó trabajo llegar a donde están porque tuvieron que luchar contra un montón de adversidades, son quienes mejor gestionan el éxito. Un camino lleno de dificultades pero con deseos de superación te da las herramientas para blindarte de los distractores, aunque no significa que uno alcanzará el éxito o el bienestar únicamente si sufre, ojalá nunca sea así, pero se valora el esfuerzo y cada pequeña meta alcanzada. Y por otro lado, quienes nacen en un mundo donde se les otorga todo por el simple hecho de existir, se les reconoce sin que hayan hecho un esfuerzo y no tienen miedo a la pérdida son más susceptibles a caer en situaciones difíciles derivadas de la banalidad: adicciones, depresión, ira, excesos, que son conductas destructivas pero totalmente evitables. Tratemos de fijarnos en el equilibrio justo, en comprender que también existen quienes a pesar de tener una vida llena de privilegios se mantienen con los pies en la tierra, en un camino de esfuerzo, luchan por mantener un éxito que dependa de ellos; en caso de que ese privilegio de nacimiento desaparezca, sabrán qué hacer porque tienen las herramientas.

En el tema de las redes sociales hay mucha necesidad de llenar un vacío que existe, y esto genera una enorme presión porque comienzas a definir tu valor por la cantidad de atención, likes y comentarios complacientes pero también negativos. Les otorgas el poder a los demás para que ellos definan quién eres y cómo te conduces por la vida, qué haces y para qué. Considero que es un juego muy peligroso, caes en el algoritmo y a la larga puedes negar la autenticidad que habita en ti y por la que has trabajado. Lo peor es que uno es consciente de cuándo se traiciona, en qué momento deja de ser real y comienza a hacer las cosas para llamar la atención o por el aplauso del mundo digital. Mucha gente se vuelve adicta a crear contenido porque piensa que lo que está de moda te hace visible, cuando en realidad es lo contrario. Estoy seguro de que quien más pleno se siente es quien menos necesidad tiene de llamar la atención o de conseguir el aplauso de los demás, y es un descubrimiento que compruebo más cada día.

Detrás de la urgencia por ser visible mediante una pantalla siempre hay ansiedad, sufrimiento y dolor al padecer una crítica, una vulnerabilidad negativa que es aprovechada por otros. Trabajar en la autoestima es un proceso duro, lleva tiempo, requiere de muchísima fuerza y nunca se está del todo bien; si le otorgas al mundo el poder sobre tu amor propio las consecuencias pueden ser terribles. Una gran cantidad de personas se desmorona ante las críticas negativas que surgen detrás de una pantalla, se quedan pensando en lo que alguien que no las conoce bien dijo y opinó, pero esos comentarios son lo que menos deberían afectar. Cuando no sabes quién eres en realidad, qué te define como individuo, es más sencillo caer en su juego y que esto te quiebre; en un caso como este no te alimentarás del contenido digital, sino que ese mundo tendrá la fuerza y la importancia que tú le otorgues, o sea que se alimentará de ti. Mucho de lo que hay detrás es la despersonalización de uno debido a este deseo de aceptación que invariablemente te hará caer en el molde.

El contenido viral en redes sirve para entretener. Y éste no es un mito, sino una realidad que se refuerza cada día. Mucho de lo que vemos no aporta un valor proporcional a la manera en que está presente en todas partes, más bien abunda en redes y en la opinión pública porque como seres humanos tendemos a entretenernos con aquello que está de moda. A partir de aquí hablemos poco a poco de la vida digital y cómo se ha incorporado en nuestra vida real. El contenido de entretenimiento es rápido, nos tiene en un estado de alegría momentánea, pero ¿has pensado en lo que hay detrás? No todo lo que vemos tiene un impacto, no todo genera un cambio porque en principio no nos hace reflexionar. Sé que al día de hoy se percibe al contenido viral como una válvula de escape de la realidad e incluso de algunos problemas, sin embargo, mientras más inmersos estamos en ello más le perdemos el sentido a lo que de verdad vale la pena, a eso que nos invita a pensar. Lo viral existe precisamente por eso: es una repetición de más de lo mismo, una tendencia, una moda, entonces si lo repetimos una y otra vez ya no tiene identidad, no hay algo que lo haga único. Esto lo menciono porque pienso que es muy importante que podamos crear a partir de lo individual, de una meta o un sueño, eso le da un sentido único a lo que hacemos y a nuestra propia existencia, le otorga importancia.

"EL ALGORITMO DE LO QUE ESTÁ DE MODA TE OBLIGA A SER Y A HACER EXACTAMENTE LO QUE TODO EL MUNDO ESTÁ HACIENDO, CONVIRTIÉNDOTE EN UNO MÁS DEL MONTÓN.

PONES TU IDENTIDAD EN MANOS DEL MOLDE DE LAS PLATAFORMAS DIGITALES."

Tener una relación sana con las redes sociales no es sencillo, como te decía, por mi profesión estoy expuesto a la mirada de millones de personas, y en el camino he aprendido a usar a mi favor ese medio de comunicación tan valioso. Le veo el lado positivo porque supe lidiar con el negativo. Cuando no estás concentrado en tu mundo real y lo que te rodea es normal prestarle más atención al digital; esto es totalmente triste porque niegas lo que la vida te dio, tu autenticidad, tus características únicas, tus talentos, habilidades, gustos e ideas. Piensa qué tanto vale la pena cambiar las experiencias reales por incentivos que no puedes palpar, por un aplauso efímero, cuando hay cosas interesantes allá afuera que vale la pena compartir con el mundo digital, pero para eso tienes que vivirlas. Estas realidades no tienen que estar peleadas entre sí, pueden convivir perfectamente, pero sólo si le otorgas el valor al mundo que habitas y de ahí tomas las experiencias y momentos más valiosos, esos que desees recordar.

Tampoco digo que esté mal hacer un baile o subirte a una moda porque es necesario divertirnos y en ocasiones también lo es olvidarnos de la vida real, que puede ser muy difícil; mi comentario se sustenta en que a las cosas que vemos y hacemos para divertirnos, está bien que les otorguemos un espacio momentáneo, pero una vez que les damos demasiada importancia y sólo nos concentramos en cómo nos perciben los demás con sus likes y atención, ya tenemos un problema. Hay demasiados asuntos transcendentales en la vida real como para que todo tu interés se centre en lo que se genera a partir de unos cuantos segundos por un tema de moda.

Constantemente estamos en la búsqueda de una validación ajena. Tuve la fortuna de al llegar el boom de las redes sociales yo ya tuviera mi carrera deportiva realizada, sabía hacia dónde dirigirme y con qué herramientas, por eso ya no siento ansiedad por demostrar algo a los demás, porque ya me demostré a mí mismo qué soy capaz de hacer, cumplí mis metas como deportista y sigo cumpliendo metas como individuo. En este momento mi compromiso es conmigo y con mi plenitud también, por eso no baso mi bienestar en el reconocimiento ajeno, que siempre se agradece si es bien intencionado. Sé lo que tuve que pasar y cuánto superé para conseguir mis marcas, para hacer algo único cuando no había un precedente, en ningún momento pensé en el aplauso ajeno, sólo en mis objetivos y mis deseos.

"CUANDO LA GENTE NO TIENE CLARO QUIÉN ES BUSCA VALIDACIÓN EN LAS OPINIONES DE LOS DEMÁS Y CUALQUIER TRAUMA DERIVADO DE UN MAL COMENTARIO O LO QUE SE DIGA DE ELLOS EN EL MUNDO VIRTUAL PROVIENE DE ESE VACÍO EN LA IDENTIDAD Y EN LA ESENCIA."

El peligro de darles demasiada importancia a las redes sociales es caer en la insatisfacción de lo real por desear algo que no existe. El medio digital es nocivo cuando nosotros permitimos que lo sea, y te pongo un ejemplo de insatisfacción. Mira tu feed, fíjate en las marcas, personas más seguidas y tendencias, te darás cuenta de que la mayoría de lo que está de moda trata de convencernos de que no somos felices con la vida que tenemos; vemos los lujos y los viajes de las celebridades, y en ocasiones negamos nuestra realidad, como el trabajo o la rutina, que puede ser pesada pero es tangible y nos proporciona bienestar. Obviamente, si nos comparamos con la celebridad que está de viaje también querremos eso porque veremos el lado amable de las fotos, pero no el contexto ni la otra cara en su vida, que, como te decía, puede ser más vacía y solitaria de lo que imaginamos. Y también está el extremo de aquellas celebridades que, hartas de todo, con crisis existenciales y de salud física y mental, deciden decirles adiós a las redes sociales porque comprenden el daño que pueden generar si no se usan con responsabilidad, o si son susceptibles de tomar a mal las críticas. Ahí no importan los millones de seguidores, qué tantos likes o comentarios tengas ni cómo te viralices, sino que puedas mantener un poco de privacidad y no estés obligado a darle la cara bonita al mundo sólo por conservar una imagen. Estar expuesto de esta manera potencia todo, como te decía mientras hablábamos de las relaciones: una foto se saca de contexto, también una declaración, todo es material para colocarte como la mejor persona del mundo o, al contrario, hacerte daño. No es coincidencia que personas que aparentan tener todo, desde éxito en sus carreras hasta fama y dinero, caigan en depresión, porque el estrés es tan grande que llega un momento de quiebre. Admiramos lo que vemos en redes sociales por cómo nos lo presentan, ese espejismo vende más que una realidad llena de lucha, tropiezos y malas decisiones.

Mi pensamiento es: así como llegaste al mundo, te vas. Y ésa es la realidad. En este camino les damos importancia a cosas que, en lugar de hacernos felices o darnos bienestar y tranquilidad, nos mantienen ansiosos, pendientes de la vida de alguien más, nos hemos dejado superar por las modas y corremos el riesgo de convertirnos en personas desechables. A través de la pantalla vemos definiciones de una vida plena y de éxito que en realidad son moldes porque lo que hace feliz a alguien más no necesariamente me hará feliz, quizá ni siquiera me interesa pero lo observo constantemente. Todo mundo lo dice y los medios me lo repiten hasta el cansancio, así que termino por ceder y desear que mi vida también sea la repetición de esa moda: un tipo de familia, una profesión, un coche, una vivienda, que están bien sólo si son tu deseo genuino, no un modelo al que debas apegarte.

Ahora hay un ego digital enorme. Otro de los riesgos es otorgar el poder a un lado y al otro: al fandom de los millones de seguidores que determinarán cómo será tu vida y validarán cada cosa o la reprobarán hasta hacer desaparecer tu carrera, o a la persona que crece y crece en números hasta caer en la prepotencia (que no es el caso general, pero lo vemos constantemente). Nos quejamos de esas conductas, pero también las alimentamos. No recibimos un conocimiento valioso o aprendizaje por parte de una estrella efímera, no vemos una lucha que nos dé el ejemplo que necesitamos, pero le otorgamos un poder más allá del que ella misma se imaginó; si es alguien vacío que sólo está ahí por casualidad, por los likes y un golpe de suerte, como parte del entretenimiento del algoritmo, una vez más estamos enganchados con un espejismo, nada que nos dé herramientas para la vida real. Estamos en un punto en que valdría la pena reflexionar por qué alguien dice que vale más que otra persona sólo por la cantidad de likes y seguidores. Si nos medimos en números y tendencias, la vida se volverá cada vez más aburrida e injusta.

Al final, en lugar de ver el internet y las redes sociales como las herramientas valiosas que son y por las que el mundo se ha comunicado de manera impresionante, nosotros podemos convertirnos en la herramienta principal de ese espacio virtual. Y ahora me vas a decir: "Pero, Daniel, piensa en todas aquellas personas que ganan millones por medio de las redes sociales porque son su instrumento de trabajo". Y sí, las redes se han convertido en una plataforma para monetizar según el alcance, ésa es una forma inteligente de usarlas, ya sea que promuevas tu propio negocio o que alguna marca se acerque para hacer algo juntos; se trata de un trabajo o un servicio que te remunerará, es manejar el medio con inteligencia y prudencia, no como una adicción para satisfacer un vacío emocional. Ahora todo mundo piensa que el valor de una persona es el número de seguidores que tiene en redes sociales. Nos dice más la foto con más likes y la que se viraliza o genera comentarios que la esencia de esa persona, sus pensamientos o forma de ver el mundo, pero no sólo es responsabilidad de quien la sigue y genera esa discusión, sino de ella misma, que es quien les otorga el poder de definir su valor.

Mi descubrimiento de cómo relacionarme con las redes sociales ha sido constante. Si no tuviera claro quién soy, qué me define y me hace auténtico, al sobrepasar los cien mil o el millón de seguidores habría caído en el espejismo de sentirme bien con el aplauso ajeno, pero no es así, conozco mi esencia, qué me motiva y cuáles son mis herramientas principales. Cuanto más tiempo le dediquemos a nuestra vida real, más felices seremos y más satisfacción obtendremos. Te invito a que te concentres en mejorar esta vida, la real, sobre la que tienes el poder de decisión, y eso te ayudará a prevenir problemas mentales y de salud, te brindará herramientas para alcanzar metas verdaderas. ¿Cuál es tu objetivo en esta vida: ser uno más sólo por convivir y estar en tendencia o que te recuerden por tu autenticidad? Si coincides conmigo en que eres alguien único que vino a dejar una huella, platiquemos más sobre eso.

"MUCHAS PERSONAS NO TIENEN CLARA LA DEFINICIÓN DE SU PROPIA FELICIDAD Y PERSIGUEN CUALQUIER CONCEPTO DE FELICIDAD QUE LES VENDEN EN REDES SOCIALES."

CAPÍTULO 10

UNA ES
EXTRA
EN LA
ACTUA

oy una persona que avanza de acuerdo con sus convicciones: no me detengo, simplemente no puedo estar quieto o conformarme con los *no* de la gente, con un sistema que no motiva a romper límites o hacer la diferencia porque siempre he sabido que lo mío es tratar de dejar una huella en cada cosa que hago, ser irrepetible. Ésa es mi esencia y el motor para perseguir mis sueños.

Ya hemos platicado sobre cómo las apariencias y el bienestar que nos venden los medios de comunicación prácticamente nos obligan a renunciar a quienes somos con tal de seguir una moda, entonces si eres uno entre varios millones siempre pasarás desapercibido. Mi descubrimiento inesperado en un camino lleno de pruebas es que para tener éxito necesitas ser diferente a los demás. Pensar diferente, ver las cosas desde otro ángulo, tomar decisiones distintas que casi nunca son las fáciles, trabajar en tu criterio para que éstas sean acertadas y perder el miedo a arriesgar. Seamos conscientes de que no todo el mundo está dispuesto a hacer sacrificios, muchos se conforman con lo que tienen y está bien si eso los llena, sin embargo, quienes desean algo distinto no lo obtendrán de la nada, deben empezar a distinguirse siendo diferentes. Si 1% de la población sobresale por sus ideas, es que ese 1% se arriesgó a hacer algo fuera de la norma y eso le dará éxito si sabe cómo moverse. Yo pienso que una persona auténtica es aquella que tiene muy bien definido quién es y qué quiere en la vida.

Como te había dicho, una vida exitosa no se da de la noche a la mañana, para ello existe un camino, el tuyo, lleno de descubrimientos y la manera en la que los asumirás de acuerdo con tu carácter, voluntad y esencia. Muchas veces perseguir un sueño y ser leal a quien eres puede causar molestia porque también significa estar en contra o en sentido opuesto a las creencias de las demás personas. Quienes no están satisfechos con lo que no comprenden, porque es distinto, lo atacan, y esto me recuerda una frase que guardo conmigo desde hace mucho: si la gente no te está criticando mucho para que te des cuenta de tu camino, significa que no estás apuntando lo suficientemente alto. Con esto me refiero a que quizá los complaces por quedar bien o por evitar conflictos, te quedas en el mismo lugar y dejas de hacerle caso a tu instinto sólo por el miedo al qué dirán. Ese miedo es el que paraliza y te mantiene anclado siempre a lo mismo, por eso la vida no cambia, no hay evolución ni satisfacción, le cierras las puertas al éxito. Cada uno de nosotros tiene grandeza dentro, pero hay algunos que ni siquiera se atreven a reconocerla, mucho menos a ir por ella; a otros les gana el miedo, y unos más no tienen la capacidad de aguantar lo que esa grandeza requiere.

Lo importante aquí es aceptar que puedes ser diferente, empezar un camino que quizá es solitario, reconocer que no todos te apoyarán. Ten por seguro que habrá muchos a quienes les incomode porque les molesta la gente auténtica, pero quiero que sepas que ser auténtico es ser leal a quien eres, lo que quieres ser, hasta dónde deseas llegar y la manera en que lo lograrás. En mi experiencia sé que todo esto de lo que te hablo es extremadamente difícil de asumir y de llevar a cabo, todos tendemos a esperar la aceptación de las personas pero eso se convierte en una limitante y no en un estímulo, cuando en realidad no deberíamos esperar que otros validen nuestro camino para comenzar a recorrerlo. Para mí eso es lo que vale la pena: plasmar quién soy en cada una de las cosas que hago.

Todos somos naturalmente sociales, queremos que se reconozca nuestra autenticidad, por ello la idea de ser uno más igual al resto sólo porque está de moda no conecta con el principio básico de hacer algo por encima de la media. Piensa que si tú no te defines como un ser individual, con características que te hacen distinto, caerás en la ola que siguen los demás y desperdiciarás mucho tiempo intentando descubrir quién eres en realidad porque te quedaste oculto detrás de una moda. El ejemplo más claro, como habíamos dicho, está en el mundo virtual: lo que hay detrás de las redes sociales es fascinante y abrumador a la vez. Cuando tienes millones de seguidores hay una fuerte presión, uno lo que quiere es mantener una imagen ideal que no es suya, ni siquiera existe, y por lo tanto el tiempo, el esfuerzo y la atención se van en alcanzar un imposible.

Si te muestras con la máscara de la perfección y la felicidad quizá puedas engañar a todo mundo, pero no a ti mismo. Siempre llega un punto de quiebre en el que las cosas se caen, se rompen desde dentro de uno y eso es mucho más peligroso. La interacción virtual puede convertirse en una adicción: sucede algo en el cerebro que te da satisfacción con el reconocimiento de otros, con cada like, repost o comentario que alimente el ego. Cosas similares se explican muy bien con experimentos que tienen que ver con satisfacer una necesidad física, como el alimento, a través del placer, que es precisamente lo que se recibe con el reconocimiento público. ¿Y tu propio reconocimiento? Tendrías que comenzar por ahí, dándote cuenta de lo importante que es cada paso, pequeño o grande, que tuviste la fuerza y valentía para ser fiel a tus principios.

Es muy difícil pretender que eres alguien más por demasiado tiempo, llega un momento en el que revientas porque no puedes tener dos personalidades y querer estar en paz con ambas no es sano, incluso resulta imposible. La única manera para mantenerte es que el reconocimiento venga de quien en verdad eres y de tu forma real de ser. En un mundo en el que es muy sencillo hacerte viral también es fácil ajustarte a un molde con tal de tener exposición, poco a poco se pierde la autenticidad, que siempre es lo más difícil de conservar, como te decía, ya sea por incomodidad de los demás o por la comodidad de recibir pequeños reconocimientos de alguien más. Si apuntas a mantenerte auténtico satisfaciendo a los otros, mucha suerte con eso, pero te recuerdo que no es tan sencillo como parece. Si estás dispuesto a sobresalir llenando expectativas, estás en riesgo de perder aquello que te define y te hace único simplemente por complacer. ¿Vale la pena? Piensa qué tanto estás dispuesto a sacrificar con tal de quedar bien con alguien más: ¿tu esencia?, ¿la privacidad?, ¿los valores que te caracterizan? Por eso te decía en un principio que un ser auténtico casi es una especie en peligro de extinción hoy en día.

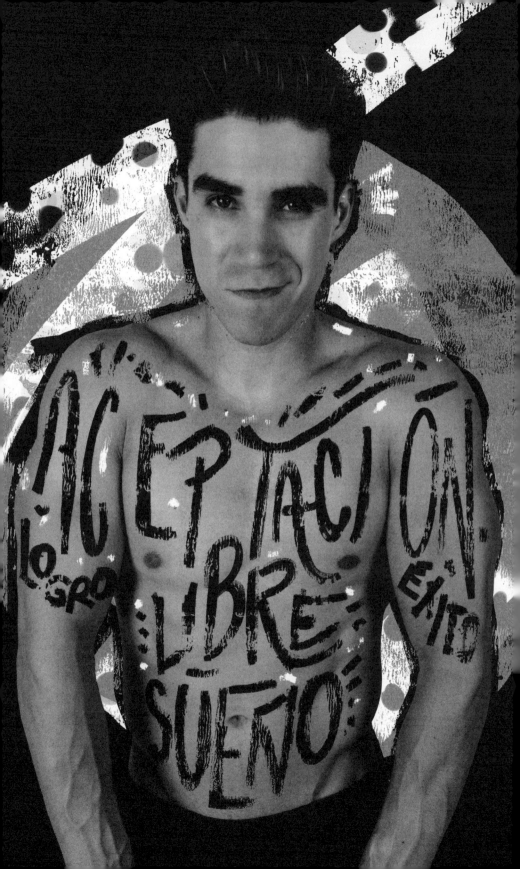

"LA AUTENTICIDAD TAMBIÉN ES HACER CAMINO DONDE ANTES NO HUBO: HACERLE CREER A LA GENTE QUE SE PUEDE CONSTRUIR UN SUEÑO DONDE SIEMPRE NOS DIJERON QUE NO ERA POSIBLE."

La autenticidad siempre está en riesgo, sobre todo ahora, que tan fácilmente nos dejamos llevar por lo que es tendencia, lo conocido por la mayoría de las personas. Si eres diferente y te conduces como más te guste, seguramente te criticarán y eso podría desanimarte, pero ten por seguro que, si le pones el corazón y la pasión necesarios, al final también se reconocerá tu autenticidad. Siempre es un proceso, los demás hablan por hablar. Podrás escuchar: "Tuviste suerte", "Se te facilitaron las cosas", "Tuviste una ventaja"..., cualquier cosa que salga de su boca es cosa suya. No depende de ti lo que piensen ni cómo lo digan, a fin de cuentas comienzan odiando lo que es diferente y terminan amándolo, incluso imitan a quien lo hizo primero, al que fue auténtico y tuvo el valor de demostrarlo. Si no existieran los pioneros, el mundo no se movería cada vez más rápido.

En mi camino fue así, inicié como una persona incómoda para algunos, hasta se reían de mis sueños por querer ser medallista mundial, medallista olímpico, Premio Nacional del Deporte, el primero en mi disciplina. Empecé a hacer las cosas a mi manera, me convertí en alguien mucho más incómodo porque no estaban de acuerdo conmigo, pero las críticas no me detuvieron. Desde entonces pensé que si hacía todo al modo de quienes me decían que apuntaba demasiado alto, nunca sobresaldría, pasaría desapercibido, y yo siempre quise mucho más. Puede parecer soberbia, pero no lo es, para mí simplemente fue el modo correcto de alcanzar una a una mis metas, y cumplí todas las que quise en el deporte, desde el inicio hasta el momento de mi despedida de la gimnasia de alto rendimiento. Pude quedarme con los no de la gente y renunciar a mis sueños sin darme la oportunidad de creer en mi capacidad. Comencé a ser odiado por mi forma de pensar, quizá no me gané la simpatía de todo mundo, pero demostré que los triunfos se obtienen si tienes el coraje de tomar tus propias decisiones.

Es lógico que la gente no te entienda porque no desea lo mismo que tú, porque no son tú, entonces eres el único que tiene el poder de lograrlo si te mantienes fiel a tus principios. Lo que más orgullo me da en cuanto a mi carrera deportiva es que fui el primero en soñar así de grande, pude conquistar mis metas y a partir de ahí se abrió un camino con logros similares. La crítica negativa siempre estuvo, nadie creía que se iba a lograr hasta que sucedió. Por el contrario, yo sólo tenía en mente una cosa: claro que se puede. Y si algo como una carrera deportiva con Copas Mundiales y Juegos Olímpicos fue posible, ¿qué no lo es?, ¿qué te da miedo conseguir? Si quieres ser trascendente, que te recuerden como alguien que superó límites y no se ajustó a los cánones, tienes que comenzar por ahí, siendo distinto, quizá incómodo, perseverante, levantándote una y otra vez para perseguir ese objetivo. Antes de romper con el pensamiento derrotista de los demás hay que romper con el de uno, con las limitaciones que no nos permiten ver nuestro potencial, esos miedos y pensamientos que hemos aprendido de otros y no vienen de nuestro interior, a diferencia de los deseos y los sueños.

Tomar decisiones implica seguir por un camino lleno de obstáculos, con presión sobre ti, derrotas, una lucha constante, incertidumbre y opciones de rutas diferentes que pueden facilitarte algunas cosas y complicarte otras. Está el odio de los demás, su indiferencia, la falta de comprensión, las burlas, tantas cosas negativas que se convierten en un peso sobre tus hombros porque nadie nos dijo que sería así. Todo eso, en suma, nos quita los deseos de seguir adelante, caemos en un pensamiento derrotista, nos conformamos con una realidad que no nos gusta pero ya es conocida y cómoda, postergamos, dejamos ir nuestro sueño poco a poco hasta que lo olvidamos. Sin embargo, eso le corresponde a 99% de la gente, tú puedes ser el 1% que logra algo fuera de lo ordinario, lo extraordinario, recuerda que tu sueño y aquello tan importante y único que te define pueden ser el motor para levantarte las veces que se requiera, incluso ante el peor escenario. Ser auténtico conlleva todo esto, por eso te decía que para mí fue importante descubrir mi fortaleza en los peores momentos, porque eso también me define como persona y le da más valor a mis logros, un valor ante mí mismo porque soy yo quien los ha padecido y también disfrutado.

La trascendencia viene de romper esquemas. Trata de recordar a los personajes que han marcado la modernidad, ya sea en los negocios, el deporte, incluso en la música, ellos se caracterizan por ser distintos y tomar decisiones basadas en su autenticidad; se han enfrentado a críticas, a puertas cerradas y obstáculos, y a todo le han dado la vuelta. No dudo que puede haber gente mucho más hábil y talentosa que aquella que sobresale, pero la que llega a la cima es la que perseveró, se aferró a pesar de las negativas y quedó en el 1% del que hablábamos. Y me duele decir que lamentablemente el talento se desperdicia, como se desperdicia el tiempo y se van las buenas ideas, si no ponemos manos a la obra y nos aferramos a continuar.

En mi caso, las personas que han visto de cerca mi carrera reconocen de mí la perseverancia. Sucedió entre mis penúltimos Juegos Olímpicos y el regreso, cuando después de dos años de no hacer nada en el alto rendimiento decidí volver y cerrar mi ciclo deportivo con una clasificación más. Mi entrenador me dijo que si se hubiera tratado de otra persona aquello habría sido imposible, pero lo dije yo y confió porque sabía que mi fuerza por alcanzar una meta más me haría culminar mi carrera en Tokio. Eso me define, me hace auténtico, me ha dado grandes satisfacciones, aunque también una vida de soledad y disciplina, lo que llamamos sacrificios, pero al final es lo que llena mi alma. Ten en cuenta que cada deseo que provenga de ti es único, es parte de tu esencia y dejará testimonio de tu paso por la tierra. No midas tu éxito tomando como referencia la vida de los demás porque sólo ellos conocen sus propias batallas, lo que les ha costado y sus sacrificios; piensa en el éxito como ponerle todo el corazón a lo que haces y sentirte pleno y satisfecho con tus logros. El valor de cada meta depende de ti, tú se lo otorgas y también lo demeritas cuando no le das la importancia que se merece, aunque parezca un logro pequeño.

Veo en retrospectiva mi camino y aprendizaje y sé que el deseo de ser parte del 1% vino de mí mismo. El deporte fue mi disciplina, quizá ahí canalicé mi esencia y la forma de ser que me caracteriza desde pequeño, porque no me gusta ser igual al resto, depender de otros, ni de su tiempo, sus actividades y menos sus reglas. El único que tiene poder sobre mi vida soy yo, yo soy quien decide qué me hace feliz, qué me llena y qué comparto con los demás, de qué soy capaz. Lo he aprendido con muchas pruebas, sacando fuerza de mí mismo en soledad, superando retos también solo, en medio de tantas voces que me decían que no se puede, hasta que se pudo. El éxito continuará sucediendo con total satisfacción y libertad. Hay personas que están destinadas para estar contigo siempre, durante mucho tiempo, y otras que únicamente llegan a darte una lección. Imagina que eres un cohete con una misión única, en el trayecto dejarás cosas atrás que en su momento fueron indispensables y debes despedirte de ellas; quizá cuando llegues a lo más alto sólo permanezca contigo lo esencial.

Los momentos más duros superados son los que más enriquecen, porque cuando la vida es sencilla y no te exige un reto, el camino es plano y sin chiste, no creces, vas lento o, por el contrario, puedes dar tres vueltas sin encontrar algo que llame tu atención y te motive a descubrir más. Ser auténtico también es sentirte libre, satisfecho, pleno, y esa plenitud viene de una persona que está en un constante proceso de crecimiento. Aquí ya no importan el dinero o los bienes materiales, el aplauso de las redes sociales o los comentarios de los demás, porque ya estás en un momento feliz en el que puedes voltear atrás y decir con total alegría: esto ha sido producto de mi trabajo diario. Ahora piensa: ¿qué te da más miedo, la crítica de los otros o perder tu autenticidad? ¿Hacia dónde apuntan tus metas y qué tienes que poner en la balanza para conseguirlas?

"LA ÚNICA VALIDACIÓN Y EL VERDADERO RECONOCIMIENTO QUE VALE LA PENA SON LOS TUYOS, NADA EXTERNO, SINO LO QUE HABITA EN LO MÁS PROFUNDO DE TI, LO QUE TE DEFINE COMO UN SER AUTÉNTICO Y CAPAZ DE ANDAR EN SU PROPIO CAMINO."

CAPÍTULO 11

EL TEM
INCÓM
PERO
NECES

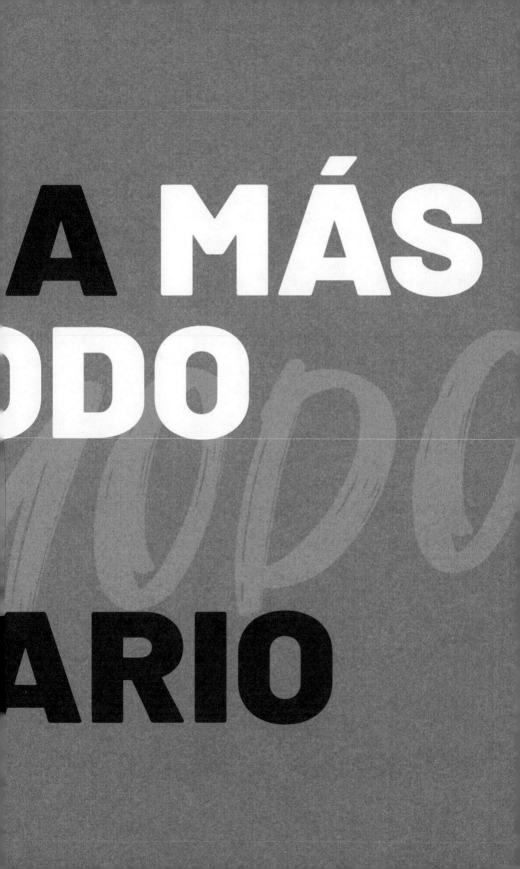

En este largo camino de aprendizajes y descubrimientos, me he dado cuenta de que no todo lo importante proviene 100% de tu interior, los factores externos alteran y determinan muchas cosas, buenas y malas, y en ocasiones no les damos la importancia debida porque alguien nos dijo que el mundo material es intrascendente. Para mí es necesario romper esos mitos, en primer lugar, para que dejes de pensar que está mal anteponer tus necesidades económicas, y en segundo, porque una vez que le das el valor justo a tu dinero, también se lo otorgas a tu esfuerzo y puedes empezar a tomar acción sobre tu futuro. Veamos un poco por qué.

A menudo, cuando pensamos en la definición de éxito se nos viene a la mente aquello que nos llama la atención y nos han enseñado que significa ser exitoso: la estabilidad económica y la abundancia. La vida que otros tienen se convierte en el referente y en lo que aspiramos, sin embargo, no tomamos en cuenta que la realidad de los otros pertenece exclusivamente a ellos y la fortuna, cuando no la tienes desde el principio ya sea por herencia o por suerte, forma parte de un largo camino lleno de sorpresas y descubrimientos. Eso me ha sucedido en mi historia de vida. Dentro de mis creencias como atleta de alto rendimiento, seleccionado nacional y en mi búsqueda para ser un deportista histórico pensaba que si uno se dedicaba al 100%, si sobresalía y hacía cosas importantes para el país, como superar marcas nacionales e internacionales, podría tener una retribución económica acorde a ello. Crecemos viendo carreras como las de Michael Jordan o Kobe Bryant, que son personajes importantes en el deporte y tienen un estilo de vida que corresponde con eso, y piensas que puedes alcanzar uno similar cuando haces algo histórico para tu país, pero la realidad es que no, al menos no aquí en mi contexto.

En la medida que pasaba el tiempo ese golpe de realidad me hizo poner los pies en la tierra y empezar a tomar acción. Tuve claro que el ingreso económico que esperaba no sería proporcional al tiempo, energía y riesgo invertidos durante tantos años como atleta de alto rendimiento y con ello supe que la recompensa económica obtenida en el deporte no es equitativa al sacrificio que se hace día con día. Viví satisfacciones muy grandes, como el Premio Nacional del Deporte y ser el segundo del mundo en mi disciplina, pero pensando exclusivamente en la parte económica, cuando te das cuenta de lo inestable que es tu ingreso porque dependes de tus resultados, todo se complica: si te va bien durante un año, te irá bien económicamente porque alguien apuesta por ti y tienes un pequeño financiamiento para continuar con la preparación, pero si bajas el rendimiento, pierdes lo que tenías. Hacer esto es más difícil de lo que parece, además de medirte con las grandes potencias, con cientos de atletas que están buscando exactamente lo mismo que tú y tienen tus mismas características, lo cual ya es una gran presión, a eso súmale el aspecto económico, entonces la estabilidad emocional se quiebra, la física puede sufrir las consecuencias y todo puede ir en picada.

Fíjate cómo todo está conectado, tu pasión en algo específico para lo que tienes aptitudes y enfoque y la fuerza que le pones para lograrlo también dependen de factores externos que no siempre funcionan como nos gustaría. Uno como atleta de alto rendimiento necesitaría tener un equilibrio en todos los sentidos, por eso comenzaba diciéndote que para algunos puede ser incómodo hablar de la importancia de lo económico, sin embargo, es esencial. Esto es algo que no cambiará de la noche a la mañana, pero supe que lo que sí podría cambiar era mi visión, una vez que llegué a ese descubrimiento tan real, decidí hacer más por mi cuenta.

Muchas veces tenemos dificultades para hablar del dinero porque vivimos con un prejuicio hacia él, hemos aprendido que darle importancia es malo, incluso evitamos relacionarlo con las actividades que nos gustan por el simple hecho de que una idea general es que sólo bastan amor y pasión para alcanzar las metas, pero ya vimos que se requiere mucho más, al menos para continuar en el camino de lucha. Tal pareciera que si priorizas algo básico como tu manutención para realizar una actividad eres una persona materialista que sólo piensa en los beneficios económicos; detente y piensa si eso está mal, si forma parte de tus creencias o también corresponde a un prejuicio. Para mí comprenderlo ha sido un descubrimiento que no se termina y comienzo por afirmar lo más obvio: el dinero no te hará feliz y no lo es todo, pero tenemos que aceptar que el ingreso económico es importante para nuestra felicidad porque nos brinda tranquilidad y paz, ya que podemos manejar nuestro tiempo con mayor libertad, incluso la toma de decisiones es más sencilla si estamos en una posición cómoda; ahora, si hablamos de diversión y lujos, tampoco es malo admitir que nos gustan, ¿o no los merecemos? Estoy seguro de que coincidimos en que sí, siempre y cuando eso, como ya te he mencionado antes, no se aleje de quienes somos en esencia. Tengamos en cuenta que la relación con el dinero no está mal, pero cuando dejas que te domine, entonces sí estarás en problemas.

Mi golpe de realidad fue pronto, sin embargo, en mi disciplina y muchas otras hay distintas experiencias. Empiezas a entrenar desde pequeño, cuando no estás en la escuela estás entrenando, en la medida que creces y te preparas para más competencia queda poco tiempo para dedicarte a algo más, ya sea trabajo o una carrera en un sistema convencional. Entonces ahí es cuando comienzas a moverte y buscas otras oportunidades, algunos por medio de patrocinadores y marcas, que no está nada mal, al contrario, de cierta manera haces que tu disciplina te sirva como tú le sirves a ella. Para mí ha sido un poco triste ver a personas muy talentosas a quienes les llegó el golpe de realidad con insuficiencia económica y en desventaja de circunstancias, que aunque han obtenido triunfos importantes para la nación, no reciben lo justo tras haberle dedicado años al deporte. El lado B de la vida de un atleta también es un tema incómodo si lo relacionamos con la parte económica: muchos, después del retiro, sólo tienen posibilidades en el área que conocen porque se privan de otras cosas precisamente porque el deporte fue su prioridad; la beca o el incentivo que les permitió financiar sus gastos básicos se termina cuando los resultados no son los necesarios para estar en el ranking y ese dinero pasa a otras manos, y es lógico, un atleta retirado ya no está activo, pero tampoco se jubila; en México dejas de percibir ese dinero y se terminó, a menos que te conviertas en medallista olímpico y las becas sean vitalicias sin el riesgo de que las anulen, pero esos son casos contadísimos, si no es así, el atleta no tendrá un ingreso derivado del deporte. Una beca no es equitativa respecto del tiempo y esfuerzo invertidos, incluso las repercusiones de salud y lesiones adquiridas por practicar un deporte de alto rendimiento podrían derivar en un tratamiento que a veces se convierte en un gasto muy fuerte para el atleta en sus años de retiro.

Todo esto es un tema mucho más amplio que tendría que discutirse y en el cual hay que tomar decisiones, pero mientras quienes pueden hacer la diferencia y garantizar un mejor ingreso a los atletas no se enfoquen en ello, será totalmente responsabilidad y asunto de cada deportista procurar su bienestar económico. Las enseñanzas positivas y negativas que he tenido con el deporte las he usado para tomar decisiones de vida porque cuando te dedicas a algo cuya carrera sabes que tiene límite de tiempo, maduras rápido, si no pones tu atención en lo importante y planeas qué hacer a futuro, ese futuro y sus inconvenientes te alcanzan.

"NOS DA MIEDO Y PENA HABLAR DE LA ECONOMÍA PORQUE SENTIMOS QUE LE DAMOS DEMASIADA IMPORTANCIA A ALGO MATERIAL, CUANDO EN REALIDAD NECESITAMOS PRIORIZAR UN EQUILIBRIO DESDE MUY JÓVENES."

Si en mi medio, que es el deporte, he sido testigo de esto, también basta con voltear a ver hacia los lados y darnos cuenta de que el panorama general tampoco es tan alentador. En nuestro país no tenemos una educación financiera sana, vemos la economía como algo superficial y hablamos de ella como un tabú, cuando en realidad desde muy temprano hay que empezar a idear qué hacer con el ingreso y conocer la importancia de diversificarlo. Y llegados a este punto, va mi experiencia. Durante mucho tiempo mi único ingreso económico eran las becas pero incluso en momentos muy buenos de mi carrera, podría decir que los mejores, las becas se reducían porque el presupuesto lo aprobaban en otro lugar, mis marcas deportivas no determinaban que la retribución fuera excelente. Uno nunca sabe si el año que inicia será bueno en el aspecto económico o de un día para el otro aquello con lo que contabas para subsistir e incluso ir a competencias continuará llegando. Entonces hay miedo, frustración, impotencia, conoces tus sacrificios para estar ahí y todo el esfuerzo que eso conlleva día a día, desde el físico hasta el emocional, te cuestionas si vale la pena dedicarle tanto tiempo y esfuerzo a algo que no te genera lo suficiente o en ocasiones tienes que complementar con un ingreso que venga de otro lado, para algunos es de su propia familia, para otros de algún trabajo emergente o solicitar apoyo, cada experiencia es distinta. Figurar en competencias internacionales es una suma de muchas cosas, en primer lugar de tus marcas en la disciplina y después pero no menos importante, que puedas estar ahí y esto con frecuencia se da porque alcanzaste tu máximo desempeño gracias a una preparación en condiciones óptimas que no son nada baratas. Cuando pasas el bache de la preocupación por el ingreso a veces te cae el veinte de que eres bueno porque clasificaste muy bien, comienzas a darle todo el valor a tu propio trabajo, incluso empiezas a hacer historia en el deporte pero también viene la frustración porque eso puede ser algo momentáneo y no tienes el estilo de vida por el que luchas tanto, que, honestamente, mereces porque te lo has ganado. Sucede en muchas carreras y en el deporte también es evidente. Yo pensaba: ¿qué estaba bajo mi control?, entrenar, ¿qué se escapaba de mis posibilidades?, la retribución.

Desde muy joven me di cuenta de mi realidad en la gimnasia mexicana. Si como atleta olímpico no tenía nada asegurado, entonces qué me esperaba. Debía prepararme, pensar en el futuro de una vez con un plan B. Me siento muy afortunado de haber tenido la oportunidad de trabajar con marcas y haber estado en un programa de televisión que, como te había platicado, me ayudó a ser más visible fuera del deporte olímpico y a abrirme puertas con patrocinios en una nueva faceta vinculada a mi carrera. Aprendí a ser inteligente con el dinero que hago, a comprender que llega por medio del esfuerzo constante y mi labor es mantenerlo, hacer que crezca, no gastarlo a la primera en algo que no me aportará beneficios. Es sano poder contar con asesoría con el fin de trabajar por una libertad financiera. ¿A qué me refiero con esto? Precisamente a que tu dinero te brinde crecimiento económico que se refleje en una mejor calidad de vida, en poder tomar decisiones sobre tu tiempo y el esfuerzo que seguirás empleando para generarlo. Pienso que el trabajo es muy importante en todos los sentidos, debemos darle el valor que tiene no sólo en la forma económica que nos reditúa, sino como agente esencial para modificar tu futuro y aportar a la felicidad. Cuanto más joven comiences a planear tu estabilidad económica y, por qué no, tu retiro, mejores y más atractivas van a ser tus posibilidades y ganancias. El día de hoy es muy importante para tomar decisiones, desde ahorrar una cantidad pequeña o invertirla hasta comenzar con un negocio, nada es mínimo si piensas que en diez o veinte años tendrás una ganancia. Y qué mejor que disfrutarla cuando aún tengas el ánimo y la energía para hacerlo, por eso mi consejo a la gente de cualquier edad y principalmente a la gente joven es que pongan a trabajar su tiempo y dinero.

No tengas miedo de preguntar a quienes saben y conocer más de una opinión, así tomarás las decisiones correctas. A mis personas cercanas que están interesadas en empezar a mover su dinero les recomiendo trabajar con algún asesor financiero con el fin de tener una buena relación o situación financiera personal, que vayan de acuerdo a sus metas y que cumplan con todo aquello que les interesa. Quizá la asesoría se trate de una pequeña inversión pero vale la pena porque sólo así conocerás qué opciones te brinda el mercado, cuál es la que se ajusta a lo que proyectas o qué tendencias vale la pena seguir de acuerdo con la economía de esta época. Lograr la libertad financiera está mucho más al alcance de lo que creemos y es más fácil de lo que pensamos, simplemente no tenemos el conocimiento para hacerlo y no perdemos nada empezando a buscar desde ahora.

Hay realidades complacientes que nos hacen sentir bien a la primera y otras que son grandes descubrimientos, a estos últimos hay que prestarles atención, quizá nos incomoden (como los que tienen que ver con la economía) pero nos permitirán reconocer que podemos determinar más cosas de las que imaginamos y que de un día para el otro podemos quedarnos sin nada porque no planificamos el futuro. Me di cuenta de que no podría vivir de mis éxitos como deportista ni de mis marcas o de una beca el resto de mi vida; fue una decepción y a la vez una bendición porque me hizo moverme y buscar más oportunidades. Me esforcé por tener un estilo de vida diferente, el que quería y que el deporte no me brindaría.

La educación financiera es más importante de lo que pensamos y comienza desde darnos cuenta del valor que tiene nuestro trabajo. Te pongo de ejemplo esto: como atletas aspiramos a cosas muy grandes pero como personas que se dedican a algo diferente también es válido y necesario, no está mal aspirar a cosas importantes y vernos como personas de éxito, desear tener una economía como la que siempre soñamos y luchar por ella de forma inteligente. Ten en mente que mientras uno sepa perfectamente para qué quiere ese dinero, sabrá utilizarlo y el dinero le servirá, no se convertirá en esclavo de él. Si tener un capital económico fuerte te va a brindar más felicidad y libertad, adelante, vas por buen camino, pero si tu único fin es poseer sin un propósito, entonces estarás en problemas porque no habrá satisfacción, únicamente sufrimiento.

Hay una frase que me gusta: si tienes dinero, utilízalo e inviértelo para mejorar tu estilo de vida, tu salud y enfócalo en cosas que te harán crecer; de lo contrario, el dinero no cumplirá con su razón de ser y sólo se convertirá en un derroche de energía. Con esto me he dado cuenta de que muchas personas caen en la tentación de utilizar el dinero en cosas que les darán un placer momentáneo, no mejorarán a largo plazo su estilo de vida porque no existe un propósito auténtico en su uso. ¿Recuerdas cuando hablamos de las redes sociales y el espejismo de una vida virtual? Esto es casi lo mismo, hay placeres a corto plazo, te hacen sentir muy bien pero se esfuman muy rápido, y hay inversiones inteligentes que aportarán cosas positivas cuando más las necesites, como durante tu retiro o una enfermedad.

Y volviendo al punto: el dinero no lo es todo, pero es un error restarle importancia porque si no lo tomas en cuenta como elemento facilitador de muchas cosas también sacrificarás otros aspectos de tu vida únicamente por seguir una falsa creencia. Una economía sana te brinda estabilidad, y como consecuencia, felicidad. Yo tuve la fortuna desde muy chico y sin saberlo de que mis papás me inculcaran el respeto por valorar nuestra economía y eso fue por medio de la inversión. Uno de mis mayores descubrimientos derivado de que el tiempo pasa y no tenemos la salud o el trabajo garantizados fue ser inteligente en mis inversiones. Comprendí que los intereses compuestos me beneficiarían, a largo plazo tendría una recompensa que me serviría como almohada en caso de perder mi ingreso principal. Sé que no estás buscando una clase de economía en este libro, sin embargo, considero fundamental compartirte algo que me ha funcionado igual que la disciplina o fijarme metas, con lo que he aprendido a mantener una relación sana con la economía y beneficiarme un poco de ella. Estar en buenos términos con tus ingresos te resta presión, puedes tener mayor libertad para decidir qué proyectos comenzar, en qué trabajo te gustaría emprender y si lo ves como un ciclo, constantemente inviertes tiempo y atención y recibes una retribución económica.

Cuando tienes un ingreso económico constante tu salud se beneficia de ello, y no sólo hablemos de que tienes la capacidad para pagar un tratamiento médico en caso de ser necesario, también está la salud mental, que es esencial. En el día a día sabemos de casos de personas con problemas derivados de un alto nivel de estrés por deudas o por la situación económica actual. Esto también está vinculado con la libertad que puede proporcionarte una economía estable en la que tú decidas qué hacer y en qué momento. Te pongo de ejemplo el deporte porque es lo que conozco por experiencia propia y por personas muy cercanas. Desde hace mucho tiempo me entristecía ver que deportistas a quienes admiro, una vez terminada su carrera en la disciplina, ya sea porque no se prepararon para desempeñarse en otra cosa (por falta de tiempo, como te decía) o porque no planearon su retiro cuando la economía estaba mejor, hoy se dedican a algo que quizá desde hace tiempo no les da satisfacción, porque no todos acaban la carrera deportiva con gusto y bienestar. Respeto y admiro a tantísimos atletas que una vez retirados hacen escuela porque esa es su pasión, aportan conocimiento a las nuevas generaciones porque no se ven fuera de un gimnasio, aunque también hay casos en los que desearían no saber más del deporte, sin embargo, al ser lo que conocen, permanecen ahí únicamente por el ingreso económico, a pesar de que en nuestro país siga siendo muy bajo. Si bien es importante vivir el presente, tenemos poca cultura para prever nuestro retiro, y yo hablo de esto pasando mis treinta años, teniendo la fortuna de empezar a planearlo desde hace mucho precisamente porque he sido testigo de realidades que me han servido como espejo para lo que deseo obtener y aquello que no. Quizá suene extraño pero hablar de dinero y de economía también puede ser un ejercicio de humildad porque nos confronta con nuestra capacidad para planear, salir adelante y procurarnos una vida de bienestar y libertad, siempre y cuando sepamos hacia dónde orientarla.

La mejor inversión es enfocarte en darte el estilo de vida que deseas, invertir en salud, educación, poner a trabajar tu dinero. Son las cosas de las que no hablamos con frecuencia, pero a veces cuando las descubrimos a la mala porque ya nos urge tener el dinero para solucionar un problema es demasiado tarde. Desde ahora te recomiendo invertir, no importa si piensas que es muy poco, ¡hazlo! Tú escoges el mercado, pero en mi experiencia, los intereses compuestos te dan beneficios a lo largo de los años. Y otra cosa que no puedes dejar de lado apenas tengas la oportunidad: diversifícate. Sucede que nos quedamos estancados en lo que hacemos porque nos brinda un ingreso, nos gusta o a veces es lo único que hay, pero vivimos en un mundo donde todo cambia de la noche a la mañana, si apuestas todo lo que tienes a una sola opción, hay más posibilidades de perder que de ganar. No tengas miedo a probar distintas opciones, tres fuentes de ingreso diferentes o un máximo de cinco. Con esto no te sugiero que seas un gran inversor, todo lo contrario, comienza con lo que tengas: el dinero que te genera tu profesión, un pequeño negocio, algo que ya hayas puesto a trabajar como inversión, que serían bienes raíces, por ejemplo, la renta de una propiedad. Hay inversiones mucho más fuertes que también generan ganancias, como poner tu dinero en la bolsa de valores, ahí hay muchas opciones para comenzar con cantidades pequeñas que poco a poco puedes ir aumentando; a veces escuchamos bolsa de valores y nos da miedo, creemos que está fuera de nuestro alcance y necesitamos ser ricos para estar ahí, pero la realidad es que existen planes de todo tipo, si te das a la tarea de buscar información correcta descubrirás cosas interesantes de manera inesperada, como que si tienes el dinero en el banco no generas los mismos beneficios que si consigues intereses compuestos.

Además, es importante que siempre tengas en mente que el mayor activo que poseemos los seres humanos es el TIEMPO, es el único recurso no renovable, el que más valor posee, el más versátil y el que tendríamos que valorar por encima de todo. Por eso te recomiendo que lo uses como tu materia prima para obtener ganancias económicas y personales, como aumentar tus ingresos y que esa tranquilidad te brinde mayor tiempo para que puedas usarlo en lo que de verdad importa, que es pasarlo con tus seres queridos. Hay algo muy curioso con este tema y es que mientras más trabajo tenemos, menos tiempo nos sobra y más lo valoramos, entonces si estás en la posición contraria y tienes mucho tiempo libre pero pocos ingresos, úsalo para mover tu economía y verás qué valor toman tanto el dinero como el tiempo. Y como te decía, si bien el dinero no es todo en la vida, acompañado de su complemento, que es el tiempo de calidad, te darás cuenta de que la felicidad puede estar ahí cuando cumplas tus metas personales, estés con tus seres queridos, viajes con ellos y planees el resto de tu vida con tranquilidad.

Una buena parte de nuestras decisiones que involucran insatisfacción se basan en el aspecto económico. Piensa un poco como yo lo hice cuando me di cuenta de esta realidad: si así sucede es porque no tenemos una estabilidad en nuestros ingresos, no tomamos decisiones que involucren plenitud y felicidad, incluso en el crecimiento emocional, porque estamos atados más al "deber" que al "querer" y seguimos las pautas de desconocimiento económico que nos inculcaron. Es como cuando nos damos cuenta de que el dinero nos esclaviza, no por poseerlo, sino por ir en busca de él. Basamos nuestra vida en torno al ingreso económico pero de una manera nada sana. Si los sacrificios no son por un bien económico y simplemente se trata de acumulación, nos olvidamos de aquello que el dinero no puede pagar, como la tranquilidad y momentos de esparcimiento con nuestros seres queridos o incluso el entretenimiento. Al día de hoy estás a tiempo de darte cuenta del lugar en el que te encuentras, cómo valoras el esfuerzo invertido en tu trabajo y en esos años de sacrificio, qué puedes hacer para tener una existencia plena y tranquila, cuáles son las decisiones que debes tomar para alcanzar el estilo de vida y honrar tu presente para planear el futuro. Tomar decisiones difíciles nunca es cómodo pero sí necesario, quien mejor te conoce y quien posee la única herramienta de la abundancia eres tú.

"EL DINERO NO TE DA LA FELICIDAD PERO SÍ TE HACE FELIZ PORQUE CONTRIBUYE A LA FELICIDAD POR MEDIO DEL BIENESTAR."

CAPÍTULO 12

NO BU
CAMBI
EL MU

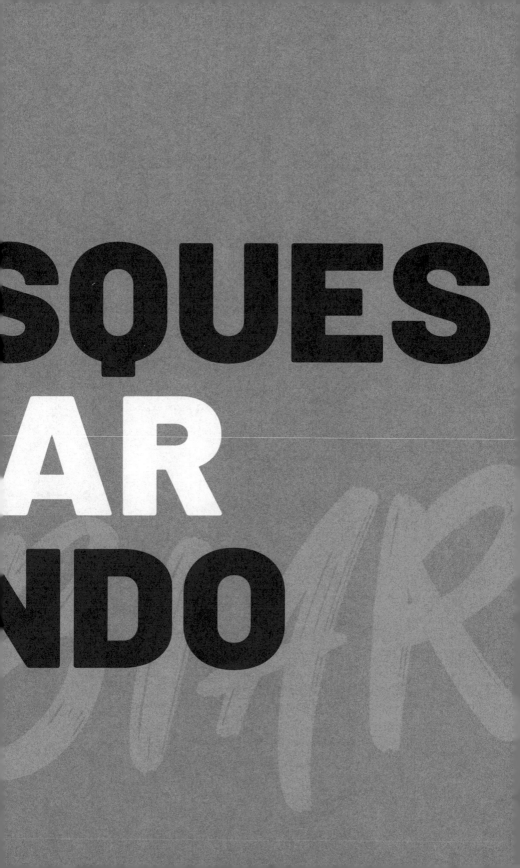

Te preguntarás por qué comienzo este capítulo así, si en lo que llevamos de conversación te he dicho que una de mis principales motivaciones era dejar una huella en el deporte, hacer historia y vivir con fuerza aquello que me apasiona. Todo eso es cierto, sin embargo, también he descubierto que somos mucho más que esas metas a largo plazo, más que el deseo de ser quien haga la diferencia, somos los que constantemente nos detenemos a pensar si vamos por el camino correcto, nos cuestionamos, nos fijamos objetivos y abandonamos otros, tomamos decisiones pequeñas o grandes que marcarán nuestro futuro y quizás ahí nos preguntamos si vale la pena dar el extra para cambiar el mundo. Yo me pregunté esto muchas veces y llegué a mis propias conclusiones: si tú sabes quién eres, con eso es suficiente. Si conoces tus responsabilidades, puedes visualizar hasta dónde llegarás.

En este momento de mi vida siento una total plenitud porque no me quedé pensando en el Daniel que se retiró del deporte de alto rendimiento, sino en el Daniel que quiere más y siente un enorme deseo de crecer y alcanzar el éxito en cada ámbito. Somos seres en constante cambio, no pensamos igual ni aspiramos a lo mismo que hace diez años, por lo tanto nuestras metas se han modificado. En algún lugar leí que diez años es el tiempo justo para voltear atrás y reflexionar sobre lo que queríamos en ese instante, valorar si se cumplió, si nuestras expectativas mejoraron, si seguimos el sueño de ese entonces o todo lo contrario. Puedo decir que en mi caso ha sido así, he aprendido y tomado esas lecciones para algo mayor que sé que seguirá creciendo. Me di cuenta de que para mí una meta muy importante hace precisamente diez años eran las medallas, la fama, incluso la recompensa económica que creía merecer por el enorme esfuerzo que hacía en mi área, y no era malo pensar así en aquella época porque de cierto modo eran motivaciones, viejas creencias que estuvieron ahí y tuvieron utilidad; sin embargo, ahora me doy cuenta de que eso no es más importante que quien soy ahora, que sentirme realizado por hacer cosas diferentes en este punto, ya que a quien deben satisfacer es a mí, no al resto de mundo.

Con el tiempo he aprendido que con la única persona con quien debo sentirme agradecida y responsable en plenitud es conmigo mismo, a quien le debe cambiar la vida lo que hago es a mí y después puedo pensar con quién quiero compartirlo, en caso de que ése sea mi propósito. Piensa que tus decisiones son tuyas aunque involucren a otros pero es tu vida la que depende de qué tan enfocado estés y cómo utilices tu inteligencia para decidir hacia dónde avanzar. He llegado a la conclusión de que lo importante no es lo que uno logra ante los demás, sino la historia de vida que comparte, cómo impactó, qué huella dejó aunque ésta sea únicamente para personas cercanas. Podría presumir haber logrado ser una persona viral en redes sociales, tener una fortuna, pero eso de qué manera impacta, qué se dice de mí cuando se habla de números o exposición. Ahora, si por tu historia de vida es importante lo que opinen los demás y eso configura buena parte de tus decisiones, es respetable, pero piensa que la gente verá tu ejemplo y testimonio, tomará de ti aquello que proyectes y si das a conocerte por medio de tu esencia, seguirás siendo fiel a quien eres y te fortalecerás con tus propios atributos.

Es emocionante liberarte de que todo lo que tienes que hacer debe cambiar al mundo o tener el mayor impacto a largo plazo. Una vez que piensas que la única persona a la que debe importar es a ti te liberas del peso de juicios ajenos, de una responsabilidad que no te corresponde; te desprendes de una idea motivacional que fue como un movimiento muy fuerte hace unos años. Recuerdo los slogans que decían: encuentra tu pasión y cambia al mundo. Si te casas con esa idea estás asumiendo que tienes responsabilidad sobre cosas que en realidad no te corresponden y por ahí comienzan las insatisfacciones. Hay que darnos cuenta de que viviendo una vida en la que estemos felices, satisfechos y plenos, en la que cada cosa que hagamos tiene un valor justo, ésa es la mejor manera de impactar al mundo. Seamos conscientes de que el mundo seguirá evolucionando, con sus propios problemas cada vez más fuertes, pero empecemos por lo básico: vive en plenitud, con responsabilidad sobre tus actos, con los pies sobre la tierra, porque lo que haces es por ti y en tu beneficio o, en el peor de los casos, tu propio daño. Y justo aquí es donde entra algo fundamental, que es darle el valor preciso a nuestras decisiones.

Lo que nos mueve es importante por el valor que cada uno le otorga a esas aspiraciones, no tanto por el reconocimiento ajeno, que es bienvenido cuando consigues algo que de verdad te interesa y forma parte de un sueño. Si llegas a la meta, fantástico, disfrútala porque la mereces, pero también seamos conscientes de que no llegar no es un fracaso que te reprocharán toda la vida, simplemente es un acontecimiento que puede modificarse más adelante, si las condiciones ajenas a ti y tu propio impulso están en sintonía.

Si quieres que la gente perciba tu valor haz las cosas que consideres que tienen un valor para ti, las que te definen como un ser humano exitoso, un ser humano feliz, original y pleno, ésa es la mejor parte de proyectar algo. Cuando hablo con mis amigos siempre he sabido que no están conmigo por ser un medallista o haber destacado en mi deporte, lo hacen porque se comunican y valoran a la persona que soy más allá de algo que forma parte de mí y siempre será importante pero no me define al cien. Entonces, para poder transmitir lo que ellos ven y con quien se sienten a gusto primero debo saberlo y estar en armonía con quien deseo ser. Con el tiempo me he dado cuenta de que si uno le transmite paz a quienes lo rodean es porque nos encontramos en nuestra faceta más auténtica.

"LOS LOGROS NO CAMBIAN A LAS PERSONAS, PERO TU ESTILO DE VIDA SÍ PUEDE DARTE ESE CAMBIO."

A veces vivimos con miedo al futuro, nos produce ansiedad y por eso no somos inteligentes al momento de tomar decisiones, más bien las evitamos, pero el tiempo transcurre y cuando nos damos cuenta es momento de decidir hacia dónde vamos, qué haremos, cómo, con qué herramientas contamos. Para mí esto fue fundamental en mi carrera deportiva. A diferencia de otras profesiones en las que puedes trabajar durante décadas y ves el retiro muy lejano, los deportistas vivimos todo a mayor velocidad, podemos retirarnos en nuestro mejor momento por gusto y en paz, como fue mi caso, de manera drástica ya sea por una lesión o algo que esté fuera de nosotros o prolongar el retiro por alguna necesidad económica o emocional, hay de todo, sin embargo, son decisiones de vida que se toman sí o sí. Cuesta trabajo dar un cambio radical a tu futuro, te cuestionas muchas cosas, desde quién eres hasta qué tanto perdurará de ti, y la verdad es que no mucho. Desde hace tiempo, principalmente cuando estaba a punto de concluir como atleta de alto rendimiento, pensaba en que algo que hice en el pasado no es de lo que viviré el resto de mis días, los logros los atesoro pero aún queda mucho futuro, puedo ser yo mismo en otros ámbitos, desarrollarme, encontrar plenitud.

Cualquier decisión, por más mínima que te parezca en el momento, forja tu futuro. No existen cosas pequeñas en este mundo, pensar a la ligera tiene una enorme carga a largo plazo. Todo tiene valor, aunque las apariencias, educación o enseñanzas aprendidas nos dicten lo contrario, ¿a qué me refiero? Te pongo un ejemplo: fíjate cómo puedes aprender mucho después de haber tomado una mala decisión, eso tiene enseñanzas al igual que si tu decisión hubiera sido acertada desde el principio. Por eso escuchamos que algunas personas dicen que no se arrepienten de lo vivido, y es que viven algo que probablemente no estaba en su panorama en un primer momento pero trajo experiencias valiosas, en ocasiones te ponen a prueba y te capacitan como un ser resiliente.

Hablando desde mi experiencia como atleta y a lo que me dedico hay decisiones que aparentemente podrían parecer pequeñas pero no lo son, como llevar una alimentación "sana" pero a cada rato romper el equilibrio, o saber que existe una rutina física y no ir a entrenar porque crees que con dominar tu disciplina ya estás del otro lado, quizá esas pequeñas decisiones no alteren por completo tus resultados a corto plazo, pero a mediano y largo sí, porque dejas de lado la disciplina que tanto trabajo cuesta forjar por una satisfacción momentánea. Cada paso que das influye y afecta positiva o negativamente tu camino; la acumulación de decisiones correctas es lo que hará la gran diferencia para que una persona tenga una vida exitosa o extraordinaria. Aquel que tome las mejores decisiones a lo largo del día, incluso las más incómodas o que impliquen sacrificios, será quien llegue más rápido a sus objetivos. También ser imparable o tener la determinación para lograr algo es una decisión, no sólo los pequeños pasos del día, sino las actitudes que tomamos frente a la vida en realidad son las que marcan la diferencia.

Cuando pensamos en el rendimiento deportivo, lo asociamos con el talento. Claro que el talento es importante o tener una predisposición física y de actitud, pero a fin de cuentas lo que vale es que decidas qué desempeño tendrás día a día para lograr el éxito. En mi caso, desde muy pequeño estuve inmerso en la gimnasia no por una decisión propia, fue por mis padres, a mí me gustaba, me iba bien, digamos que tuve talento, al igual que muchos otros que empezaron conmigo, pero a partir de que fui consciente de lo que quería y tomé la decisión de que deseaba ser diferente, hacer algo en la gimnasia que aún no se había hecho y continuar con determinación, escogí el éxito. Eso fue lo que me cambió la vida, me dio el currículum deportivo que tengo, me abrió los ojos a lo que sucedía alrededor de mí y me enseñó cosas que poco a poco configuraron mi propia definición de éxito fuera del gimnasio. Todo se decide, no son cosas que suceden por casualidad, quizá haya algunas coincidencias pero ésas no determinan ni quién eres ni hacia dónde vas. Si todo estuviera escrito, qué aburrida sería la vida.

Cuando estaba más joven platicaba mucho sobre esto. Me tocaba tomar decisiones que a otros podrían parecerles exageradas o cuadradas, como enfocarme lo más que pudiera sin romper con mi disciplina, entonces pensaba: si me ha costado mucho llegar hasta aquí ¿vale la pena decidir mal y que se me haga costumbre? Piénsalo, ponte de ejemplo, ten en mente dónde estás al día de hoy y todo lo que has recorrido y sacrificado para llegar a este momento, en el que la decisión en apariencia más pequeña podría echar abajo tantos años de trabajo. Creo que la manera en la que me he sentido más pleno ha sido cuando mis decisiones tienen un propósito, existir con propósito, decidir inteligentemente, conociendo las dos caras de mi realidad, siendo consciente de que la decisión que tomaré influirá a largo plazo. Como te decía, tal vez no cambie el curso del mundo pero sí el de mis metas y cómo me visualizo y lo que vale la pena en mi entorno.

Retomando el tema financiero: cada decisión que tomas es como una pequeña inversión. Piensa que la bolsa de valores es tu vida y las decisiones que tomes son el dinero que invertirás, y dependiendo de la calidad de decisiones que tomes, entonces ahí sabrás si colocas tu dinero de forma inteligente para obtener beneficios a largo plazo o sólo inviertes un poco para mantener activa esa cuenta. Las decisiones pobres no te dan nada, sólo la ilusión de que en algún momento tendrás un beneficio, pero no es así. Y hay quienes de plano no invierten, por lo tanto la cuenta permanecerá en ceros, sin crecimiento. Las buenas decisiones, a futuro, te generarán un estilo de vida que a lo mejor se ajusta a lo que siempre quisiste o por lo menos te evitarán lidiar con problemas graves. A veces, por inmadurez, cometemos el error de pensar que estaremos aquí para toda la vida y podremos arreglar nuestras malas decisiones. Déjame decirte que no, no podemos ir hacia atrás en el tiempo y arreglar problemas o invertir cuando tuvimos la oportunidad, pero podemos hacerlo ahora, desde el conocimiento y con mayor inteligencia. Y si hablamos de inversiones, ¿cuándo fue la última vez que invertiste en ti, en tu salud, en aprender algo nuevo, en salir de tu zona de confort y explorar conocimientos y experiencias diferentes? Hoy tienes la oportunidad de ser más hábil con tus inversiones, comenzando en lo que se refiere a ti. El universo de los otros seguirá ahí para ellos, pero el mundo que vale la pena, el tuyo, es el que tienes en tus manos.

Estar en paz contigo mismo es lo más sano para entender que tus decisiones de ahora serán las que cuenten para brindarte éxito sin importar la edad y que el peso de tus años anteriores puede darte esperanza, pero vale la pena seguir confiando en el camino que te queda por recorrer y que es susceptible a cambios. Date la oportunidad de pensar que tu vida es lo que construyes día con día, tu evolución sigue estando en tus manos si tomas las decisiones correctas, si inviertes en ti porque eres el único que tiene poder sobre el futuro. Lo que le funciona a alguien más está bien para esa persona porque muchos factores se conjugan para que así sea, en tu caso puedes combinar otros y crear una historia totalmente distinta, decisiones pequeñas, grandes, desde el autoconocimiento, la experiencia y la motivación individual.

A veces nos echamos encima responsabilidades más allá de nuestras posibilidades, queremos trascender pero en esa trascendencia ponemos una fuerza que aún no dominamos y todo se convierte en ansiedad por cumplir con expectativas que nos rebasan. Es muy cierta esa frase que dice: "El cambio empieza por uno mismo", coincido, porque si no estás en plenitud con tu mente, tu cuerpo y la parte espiritual entonces no puedes aportar a las causas que te interesen. Hay quienes tienen un enorme poder, ya sea económico, político o social y a ellos sí les corresponde tomar decisiones que favorezcan a todos pero sólo son una fracción de la población, quienes no están en ese grupo perfectamente pueden comenzar con los cambios pequeños, los hábitos, la honestidad con ellos mismos y con los demás, la perseverancia y los objetivos personales. Todo lo importante nace de la curiosidad y un deseo por llegar a la meta y son esas metas individuales las que eventualmente cambiarán al mundo. Entonces yo modificaría un poco la frase: "Si quieres hacer historia, comienza por tus propias metas". Sólo un puñado de personas ha cambiado el curso del mundo pero tú tienes la oportunidad de modificar el tuyo y dejar huella en lo que te importe y sea esencial para tu propia historia.

"TODO LO QUE VIVES
DEBIÓ SER UNA
CONSECUENCIA DE UNA
DECISIÓN QUE TOMASTE,
NO HAY DECISIONES PEQUEÑAS,
SIN IMPORTANCIA O QUE
SOBREN, MÁS BIEN TÚ LES
DAS EL VALOR QUE SE MERECEN.

CADA DECISIÓN SUMA Y
CONFIGURA TU VIDA, DÓNDE
ESTÁS, HASTA DÓNDE
PUEDES LLEGAR. "

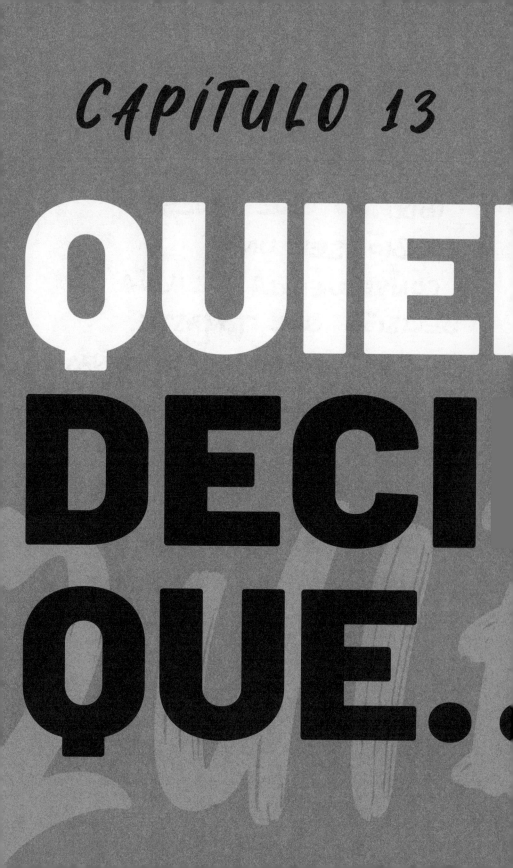

De qué depende el éxito?, me pregunto constantemente no porque no lo sepa, sino porque mis ideas han evolucionado desde que me hice esta pregunta por primera vez y lo más valioso para que el éxito sea tangible es nunca dar por sentado que lo tienes en tus manos. Cada día puede ser la oportunidad de medirnos con el mejor, o sea, con uno mismo, pensar dónde estamos y hacia dónde queremos llegar, quién nos acompañará en los momentos importantes, quién en los de mayor necesidad, cómo y con quién deseamos compartir cada éxito y cómo atravesar por instantes de soledad. Desde la madurez que da levantarnos una y otra vez he descubierto que las fórmulas mágicas no existen, lo único real es el aquí y el ahora, el poder de decisión.

En un principio todos estos descubrimientos inesperados fueron como un shock para mí, verdades, incluso golpes frente a la realidad que conocía, me hicieron darme cuenta de que muchas de las cosas que tenía en mente no iban por ahí. Creo que todo eso fue lo que me motivó a buscar un sentido de vida distinto a lo que pensé que me iba a hacer feliz porque estaba engañado, esos principios no me darían la felicidad, simplemente una comodidad que terminaría por esfumarse cuando dejara de satisfacerme. Voy al origen: me enfocaba en la parte externa, en lo que el mundo alcanza a ver, como los reconocimientos y la fama, el concepto fácil de éxito que nos han mostrado los demás y entre todos hemos validado. Para mí el gran cambio vino de ser una persona externa a una interna porque mis prioridades se modificaron aunque parezca que son las mismas. O sea: ver hacia dentro, la esencia de las cosas, el verdadero valor que está oculto debajo de las apariencias, lo que en realidad define la vida de cada persona.

Tú naces y siendo niño todo tu mundo se mueve por lo que sientes, intuyes y te emociona, haces las cosas de manera natural y espontánea, lo único que te llama la atención proviene de tus deseos, pero conforme vamos creciendo nos ajustamos a los moldes de los demás, sus metas y prioridades, sus opiniones; dirigimos nuestra vida por la información que está alrededor y señales externas, seguimos las pautas que otros nos dijeron que eran las correctas, perdemos la noción de autenticidad. Estos golpes y descubrimientos me han hecho volver a mi origen, a ver la vida con la misma emoción con la que la ve un niño, que no es desde la ignorancia, sino desde la emoción por lo que verdaderamente me define. Todo lo que va a dirigir y cambiar mi vida tiene que salir desde mi parte más interna, mi verdadero yo. Me he dado cuenta de que necesito de mis propias herramientas para tomar decisiones que a la larga serán parte fundamental de mis metas y me facilitarán o no el recorrido.

Pienso que uno tiene el poder del movimiento, puedes identificar qué te gusta y qué no de lo que te rodea y moverte, también identificar qué metas cumplidas ya no te satisfacen porque has cambiado con ellas, reconocer quién eres y hacia dónde puede llevarte un nuevo pensamiento. A fin de cuentas, todo lo que he aprendido, las personas de las que me he rodeado, el tiempo que he dedicado a mi salud mental y a priorizar mis conocimientos y experiencia, todo se resume en que las decisiones y pensamientos más valiosos nacen desde lo más interno de cada uno. El crecimiento que he experimentado después de cada descubrimiento y haciendo frente a las adversidades me ha llevado a verme tal y como soy, con honestidad, a estar más en contacto con el Daniel más profundo, lejos de las apariencias y lo que dictan los demás que debería ser.

Mi definición de éxito al día de hoy no tiene nada que ver con cómo me la imaginaba, comenzando porque he reflexionado que debe estar cada vez más en mis manos y mi responsabilidad, no sustentada en validaciones o aspiraciones externas. Con el paso de los años fui moldeando este pensamiento, desde los fracasos y momentos difíciles hasta los logros que me hacían sentir satisfecho, y es lo que sucede cuando caes en cuenta de que tienes todo el control sobre la mayor parte de lo que haces y tus resultados. Me decía: a ver, Daniel, si no funcionó así piensa qué estás haciendo, vete por aquí, experimenta por allá, tal vez el éxito no es eso que buscas sino otra cosa a la que no le estás dando importancia porque no la has notado y puede que si le haces caso a eso que pasaba desapercibido la vida te prepare para algo mejor. Fue más o menos así, digamos que muchas lecciones, algunas pedidas y la mayoría no, fueron necesarias para tener un aprendizaje.

A veces parece que necesitamos más de una alerta para voltear a ver distintas posibilidades. Quizás no queremos escuchar cuando la vida nos dice que buscamos donde no es, no nos detenemos a observar y reflexionar si eso vale la pena porque aquellos dichos que aprendimos de otros nos imposibilitan cambiar de opinión, pensamos que cambiar de idea está mal y lo asumimos como un retroceso cuando en realidad puede ser el camino acertado a cumplir una meta y tener parte del éxito que queremos. Me he dado cuenta de que a veces eso es lo necesario, detenernos, mirar hacia dentro, reconocernos en lo más profundo de nosotros y continuar la aventura.

> "TODO LO QUE NOS
> MUEVE, NUESTROS PROPÓSITOS,
> SON OBJETIVOS Y METAS DE
> MOMENTO.
>
> EL CAMBIO EN ELLOS
> SIGNIFICA QUE ESTAMOS
> VIVOS, QUE ASPIRAMOS
> A MUCHO MÁS."

Esta filosofía de vida está en constante cambio y evolución, no hay una fija que te sirva durante muchos años. Pienso en mi evolución, mi filosofía de vida hace diez años buscaba un fin en particular, que era ganar medallas y alcanzar títulos en mi disciplina, obtener reconocimiento, hacer historia a través del deporte, aquel impulso me ayudó a cumplir con mis metas, sin embargo, hoy soy alguien con objetivos distintos que también cambian día a día, por eso mi filosofía actual tendría que ajustarse a lo que deseo y no al revés porque yo serviría a un pensamiento y no pondría ese pensamiento a trabajar para mí. Por eso no existe una filosofía a lo largo de la vida sino varias dependiendo de tus ideales en el preciso momento en que te los planteas. Hoy mis objetivos son otros, he aprendido a mirar hacia dentro y valorar quién soy y cuál es mi esencia, busco aquello que le dé más vida a mi vida, que me haga crecer en más de un sentido sin descuidar todo por lo que he trabajado y forma parte de mi historia.

Nosotros existimos en constante cambio y evolución, aquello que nos mueve cambia porque nunca somos las mismas personas, vemos el futuro a través de los ojos de la experiencia y eso nos lleva a fijarnos otras metas que siempre serán importantes para motivarnos a crecer en cualquier sentido, no sólo profesional y laboral, sino emocional, familiar y principalmente individual. También soy consciente de que siendo seres humanos atentos a nuestra realidad podemos cambiar una y otra vez de opinión y eso está bien, significa que el libro de nuestro destino no se ha cerrado, cada día se convertirá en una oportunidad de alimentar nuevas metas y filosofías, eso es vivir con pasión y sentido siempre y cuando seamos fieles a nosotros mismos.

El recorrido es más simple de lo que creemos, no hay fórmulas ni listas que debas cumplir, no hay requisitos ni filosofías que te garanticen una vida exitosa, pero sí tienes a tu alcance lo más importante: el futuro, tus aptitudes, tus objetivos y el poder de tu decisión. El mundo no te da las herramientas para ser feliz, ésas tú las posees o puedes adquirirlas por medio de la experiencia buena o mala y seguir intentando hasta quedar satisfecho, pero cubierta esa meta intenta ir por una más, nunca pienses que es suficiente, no te conformes con lo que has conquistado porque después de cumplir tus primeros objetivos el camino se pone mucho más interesante.

Me gusta pensar en lo emocionante que es descubrir una pasión y planear la ruta hacia ella, que uno puede apropiarse de sus éxitos pensando en sus fracasos y lo que ha costado dar cada paso, en las lecciones que nos han dado personas llenas de valor, que la única medida de éxito que vale la pena es la de nuestro aprendizaje y el empeño que ponemos en llevar una vida llena de propósitos. Nunca llegas al destino que te propones en un principio porque constantemente estás en cambio y evolución y tus objetivos crecen contigo. Si en algún momento sientes que no te hace falta nada, cuidado, porque puede que hayas caído en la comodidad de no desear algo más que alimente tus emociones y le dé vitalidad a tus días; siempre hay un nuevo objetivo por el cual vale la pena salir y darlo todo.

Mi gran descubrimiento inesperado ha sido que mi propósito de vida está orientado a la plenitud, al reconocimiento de mis aptitudes y a valorar mi esencia, que es única e irrepetible, a honrar la fuerza de mi espíritu para tomar las mejores decisiones dependiendo del momento y a vivir siempre con libertad. Existir es abrir los ojos al mundo que nos rodea y trazar un camino que nadie más ha recorrido, es dejar huella y decir: éste soy yo, ésta es mi propia filosofía de éxito.

"UNA VERDADERA
FILOSOFÍA DE VIDA SE
CONSTRUYE DE
FORMA INDIVIDUAL, CON TUS
CONOCIMIENTOS, APRENDIZAJES
Y GANAS DE
SER ÚNICO."

MENSAJE FINAL.

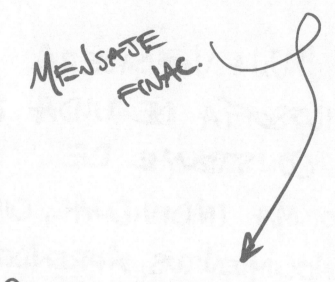

DESEO DE TODO
CORAZÓN QUE ESTE
LIBRO CAMBIE TU VIDA
POR COMPLETO...

Y QUE HOY SEA EL
PRIMER DÍA DE LA MEJOR
PARTE DE TU
VIDA.

DANO